I0427736

Célestin Bouglé

Les idées égalitaires

essai

Le code de la propriété intellectuelle du 1er juillet 1992 interdit en effet expressément la photocopie à usage collectif sans autorisation des ayants droit. Or, cette pratique s'est généralisée dans les établissements d'enseignement supérieur, provoquant une baisse brutale des achats de livres et de revues, au point que la possibilité même pour les auteurs de créer des oeuvres nouvelles et de les faire éditer correctement est aujourd'hui menacée. En application de la loi du 11 mars 1957, il est interdit de reproduire intégralement ou partiellement le présent ouvrage, sur quelque support que ce soir, sans autorisation de l'Editeur ou du Centre Français d'Exploitation du Droit de Copie , 20, rue Grands Augustins, 75006 Paris.

ISBN : 978-1514235942

10 9 8 7 6 5 4 3 2 1

Célestin Bouglé

Les idées
égalitaires

essai

Table de Matières

INTRODUCTION

Peu d'idées semblent plus vivantes aujourd'hui, plus agissantes et passionnantes que l'idée de l'égalité des hommes ; il en est peu par suite qu'il soit à la fois plus tentant et plus malaisé de soumettre à une étude scientifique. Plus que jamais on risque, devant un objet qui excite tant de sentiments divers, de confondre le vrai et le voulu, la réalité et l'idéal, la science, et la pratique. C'est pourquoi il est nécessaire de distinguer méthodiquement les unes des autres les différentes séries de problèmes qui rayonnent autour des idées égalitaires.

Notre premier soin doit donc être de séparer, des problèmes pratiques, moraux ou techniques, les problèmes scientifiques, et, de la masse de ceux-ci, le problème sociologique de l'égalitarisme.

*

* *

Faut-il traiter les hommes en égaux ? En ce cas quelle sorte d'égalité leur reconnaître ? Dois-je professer qu'ils ont mêmes devoirs, mêmes droits ? Voudrai-je que les biens, spirituels ou matériels, leur soient départagés en lots uniformes, ou en lots proportionnés, soit à leurs besoins, soit à leurs mérites, soit à leurs œuvres ? – Autant de problèmes *moraux* que les tendances égalitaires proposent à notre conscience. Nous ne pouvons prendre parti pour ou contre l'une d'elles, nous commander de la suivre ou nous reprocher de l'avoir suivie sans avoir, implicitement ou explicitement, résolu ces problèmes.

Mais comment peuvent-ils être résolus ? Affaire de sentiment, diront les uns. Question de principes, diront les autres. Sentiment ou principe, notion confuse et enveloppée ou claire et expliquée, ce sera toujours un « préjugé » qui nous dictera la solution : c'est-à-dire que pour mesurer la valeur d'une formule égalitaire, nous la rapportons à un certain idéal général que nous avons une fois admis, et qui nous sert de pierre de touche pour discerner les qualités estimables ou blâmables, les actions prescrites ou interdites. Par exemple, nous avons accepté les principes naturalistes ; nous tenons que la satisfaction des besoins est chose sacrée, qui prime tout, et que d'ailleurs les besoins diffèrent avec les organisations ;

Célestin Bouglé

c'est en vertu de ces jugements généraux que nous déclarons juste et bon que les biens soient distribués proportionnellement aux besoins. Ou bien, nous avons accepté les principes rationalistes : nous tenons que la raison est par-dessus tout respectable, et que d'ailleurs elle habite dans tous les hommes ; c'est en vertu de ces jugements généraux que nous déclarons juste et bon que les mêmes devoirs leur soient imposés, et les mêmes droits reconnus. En un mot, notre estimation des différentes tendances égalitaires dépend de nos convictions principales sur le souverain bien.

Mais ces convictions elles-mêmes, de quoi dépendent-elles ? – Ou bien nous nous contentons de les affirmer sans essayer de les déduire ; elles se suffisent, nous semble-t-il, à elles-mêmes, et, quelles que soient d'ailleurs nos théories sur l'ensemble et le fond des choses, s'imposent à nous : c'est dire que notre morale est « indépendante ». Ou bien nous essayons de justifier ces affirmations mêmes en les déduisant des lois les plus générales de l'univers ; nous voulons établir qu'elles sont conformes aux principes directeurs de la nature ou de l'esprit : et alors, aux problèmes moraux se superposent les problèmes métaphysiques de l'égalité. Nous ne nous demandons plus seulement s'il faut ou non traiter les hommes en égaux, et en quel sens, mais pourquoi il le faut ou non. La métaphysique fonde en raison les prescriptions de la morale. Notre métaphysique construite, non seulement nous déclarons que les exigences de l'esprit ou celles de la nature sont par-dessus tout respectables ; mais nous l'expliquons, par la place que nous assignons à la nature ou à l'esprit dans notre système du monde. Nous suspendons dès lors, à une chaîne de déductions philosophiques, ces mêmes maximes morales auxquelles nos jugements sur l'égalitarisme étaient suspendus.

Mais, que ces maximes soient fondées en raison ou simplement posées par la conscience, ce qui nous importe ici, c'est l'attitude qu'elles impriment à l'esprit : elle reste distincte de l'attitude de la science. La solution de problèmes tels que ceux que nous avons énumérés nous permet de porter, sur l'idée de l'égalité des hommes, des jugements d'estimation morale, non d'explication scientifique. Des principes évoqués vous pourrez déduire que l'idée en question est bonne ou mauvaise, respectable ou détestable : ils ne vous apprendront pas quelles sont ses causes, ses conséquences, avec quels faits elle est en rapports constants. Autre chose est apprécier, autre chose connaître. Les jugements de la conscience, même lorsqu'un système les formule en propositions plus ou moins générales et les enchaîne logiquement, n'impliquent pas le même rapport du sujet à l'objet que les jugements de la science.

Et sans doute, il nous est difficile d'empêcher que la conscience se mêle à la science, lorsque l'objet que nous proposons à notre étude scientifique est justement une idée morale. Les sentiments qu'elle éveille habituellement viennent s'interposer entre elle et nous, au moment même où nous la tenons sous le regard de notre intelligence. Ainsi, dans la plupart des études consacrées aux notions directrices de la conduite, les appréciations se croisent perpétuellement avec les explications, les jugements pratiques avec les jugements théoriques.

Mais combien ces interférences nuisent à l'exacte vision des rapports de fait, on le sait de reste. Rien ne trouble plus insidieusement l'intelligence qu'une préoccupation morale. Si nous ne nous détachons pas du respect ou du mépris que nous inspire telle maxime courante, nous risquons de ne pas la voir à sa vraie place dans la série des phénomènes sociaux : instinctivement nous lui prêterons les causes ou les conséquences qui nous sembleront les plus propres à rehausser ou à rabaisser sa valeur. L'auréole des idées morales éblouit : on ne distingue plus ce qui les rattache à la terre. L'explication est souvent faussée par l'estimation.

C'est pourquoi il paraît d'une bonne méthode, si nous voulons étudier objectivement l'idée de l'égalité des hommes, de faire autant que possible abstraction des sentiments, justifiés on non par des principes, qu'elle peut nous inspirer : nous n'avons brièvement rappelé les problèmes moraux de l'égalitarisme que pour les écarter préalablement.

*
* *

Pour réaliser l'idée de l'égalité des hommes, que faut-il faire, et quelle organisation imposer aux sociétés? Si l'on veut que les biens et les maux y soient distribués conformément aux exigences égalitaires, en quel sens réformer la justice, la confection et l'application du Droit ? Comment réglementer le cours des transactions commerciales ? l'exercice des fonctions publiques ? des droits électoraux ? En un mot, si l'on veut obéir aux prescriptions égalitaires, suivant quels types façonner les institutions civiles et juridiques, politiques et économiques? – Ce sont là des questions de *technique* sociale. Lorsque nous prenons parti pour ou contre telle politique, et que nous adoptons, par exemple, le libéralisme ou le socialisme, c'est que nous avons répondu, explicitement ou implicitement, à ces questions.

Que nous faut-il pour y répondre nettement ? – Savoir avec précision, d'une part quelle sorte d'égalité nous voulons réaliser, et d'autre part quels effets produit tel ou tel type d'institutions. Alors seulement nous pourrons, en vue des fins que nous aurons déterminées, préconiser une certaine pratique sociale. Par exemple, je tiens pour souverainement juste la maxime : « À chacun selon ses œuvres », et d'autre part je crois que la libre concurrence ne saurait, par elle-même, répartir les richesses proportionnellement aux travaux, j'invoque en conséquence l'intervention de l'État dans l'économie nationale. Ou bien, je pose en principe que tous les citoyens ont droit aux mêmes libertés civiles, et, d'un autre côté, je crois que lorsqu'une classe seulement des citoyens prend part au gouvernement, les libertés civiles ne sont pas également sauvegardées pour toutes les classes : je réclame en conséquence le suffrage universel. En, un mot la solution que je donne aux problèmes techniques de l'égalitarisme dépend de la conception que je me suis faite tant des fins les plus dignes de la société, que des moyens les plus aptes à les réaliser.

Mais de quoi dépend à son tour notre conception et de ces fins et de ces moyens? – Pour les fins, c'est évidemment de nos idées générales sur ce qui est essentiellement bon, désirable ou obligatoire que nous les déduisons. De ce point de vue, la position que nous prenons vis-à-vis des problèmes techniques est commandée, au premier chef, par celle que nous avons prise vis-à-vis des problèmes moraux. Si nous réclamons une certaine répartition des richesses ou des libertés, c'est que nous avons adopté, en dehors de toute observation scientifique, une certaine idée de la valeur des besoins ou des devoirs des hommes. En ce sens, dans la mesure où nos sentiments moraux se justifient eux-mêmes par des principes, c'est bien notre métaphysique qui choisit notre parti politique.

Mais, une fois la fin posée, reste à savoir quels moyens sont propres à la réaliser. À cette question, il semble que l'observation scientifique devrait répondre. Entre deux hommes qui s'entende sur la définition de l'idéal social à réaliser, tout en ne s'entendant pas sur le choix des types d'institutions à favoriser ou à combattre, ne peut-on décider, abstraction faite de tout sentiment personnel ou de tout principe métaphysique, par une recherche objective ? Par exemple, l'intervention de l'État hâterait-elle ou au contraire empêchera-t-elle une répartition des richesses conforme à l'idéal que vous acceptez ? Cet idéal serait-il mieux servi par un suffrage universel « atomique » ou par un suffrage « organisé » ? – Seule l'expérience, méthodiquement consultée, donnerait ici une réponse indiscutable : en nous faisant connaître les effets différents des différentes formes d'institutions, elle seule nous permettrait de distinguer celle qui produit bien les résultats demandés par l'idéal défini. La fin une fois posée *a priori*, il serait possible de découvrir *a posteriori* les moyens les mieux adaptés à cette fin. En ce sens, les problèmes techniques de l'égalitarisme, s'ils sont encore, par un côté, des problèmes moraux, sont déjà par un autre côté des problèmes scientifiques. Si la science sociale est incapable de dire pourquoi il faut réaliser l'égalité, elle pourra montrer comment.

Toutefois, à quelles conditions le pourra-t-elle ? À quel prix ses conseils seront-ils autorisés, ses prévisions indubitables ? – Il faudra qu'elle connaisse dans tous leurs effets les formes d'institutions comparées. Elle devra, par suite, en avoir discerné et catalogué, non pas seulement les conséquences visées et voulues, mais les conséquences inattendues. À côté des résultats qu'on leur demande pour la réalisation d'une certaine fin, les réformes sociales en produisent une infinité d'autres. C'est jusque dans leurs contrecoups lointains qu'il vous faut les comparer, si vous voulez prouver scientifiquement la supériorité d'une mesure.

C'est avouer que bien longtemps encore nous devrons nous laisser guider dans la politique par une sorte de tact empirique. La vie n'attend pas la science; et il ne faudrait rien moins que la science parfaite et complète de toutes les séries des phénomènes sociaux pour nous donner la formule de la vraie politique égalitaire. La solution scientifique des problèmes techniques de l'égalitarisme doit être réservée aux sciences sociales achevées.

Célestin Bouglé

Dans l'état actuel de ces sciences, serait-il méthodique de leur demander, dès l'abord, de pareilles solutions ? Est-il prudent, si l'on veut que la sociologie se constitue scientifiquement, de lui proposer d'emblée ces problèmes politiques ? – Justement parce qu'ils sont pressants, et parce qu'on ne peut les résoudre sans mêler des « jugements d'ordre pratique avec des jugements d'ordre théorique, des préférences morales avec des constatations, nous risquons, en nous y attaquant aussitôt de perdre de vue la distinction du réel et du désirable. Préoccupés de l'action, et attendant de telles ou telles institutions certains effets exigés par une certaine fin, nous avons plus de chances d'oublier ou de négliger les effets non demandés, ceux justement qu'il serait le plus important d'apercevoir. Ainsi, le souci de l'utile peut nuire au souci du vrai. À vouloir tirer trop tôt parti de la science, on risque de l'empêcher de porter ses fruits. En ce sens l'ambition légitime, mais prématurée, de résoudre scientifiquement les questions sociales n'a-t-elle pas retardé la solution des problèmes sociologiques ? – Les sciences sociales doivent au moins provisoirement, rester « théoriques » : telle semble être aujourd'hui la première condition de leur progrès.

C'est pourquoi, faisant abstraction de toute considération pratique, et refusant de nous poser la question, soit des principes par lesquels les idées égalitaires peuvent se justifier, soit des moyens par lesquels elles peuvent se réaliser, nous écartons méthodiquement, en même temps que les problèmes moraux, les problèmes techniques de l'égalitarisme ; nous n'en voulons retenir que les problèmes proprement scientifiques.

*

* *

Avec quels phénomènes l'idée de l'égalité des hommes, là où elle se montre en fait, est-elle en relations constantes ? Quelle que soit sa valeur – qu'elle soit, ou non, juste, et réalisable ou non – comment, son apparition est-elle déterminée ? Quels sont ses antécédents ? – Voilà un problème strictement scientifique.

Il importe en effet, si l'on veut le résoudre, non plus de prendre parti pour ou contre l'idée de l'égalité, mais de l'accepter comme un fait, dont il faut établir, soit inductivement, soit déductivement, les rapports avec d'autres faits. Nos préférences fondées ou non en raison, n'ont plus voix au chapitre : c'est avec un esprit méthodiquement désintéressé que nous devons aborder, comme s'il s'agissait de minéraux ou de végétaux quelconques, l'étude des idées égalitaires ; elles ne sont plus pour nous que des produits qu'il faut expliquer, et non estimer. Aurions-nous réussi, en comparant analytiquement les circonstances de leur apparition, à découvrir les phénomènes avec lesquels leur rapport est constant, et d'autre part à prouver, en dérivant ce rapport de vérités plus générales, qu'il est autre chose qu'une coïncidence, alors la loi de la production de l'égalitarisme nous serait connue ; il serait pour nous, dès lors, l'objet d'une véritable « science ».

Pour que cette science fût totale, il y aurait lieu de chercher dans les sens les plus différents les antécédents de l'égalitarisme : seules des recherches multiples, poussées de tous les côtés, nous en livreraient l'explication « exhaustive » ; toutes les sciences qui, directement ou indirectement, touchent aux phénomènes sociaux auraient sans doute leur mot à dire. Les conditions matérielles ou morales de toutes sortes, la configuration du sol qui porte les hommes, la nature des instruments qui sont à leur disposition, les caractères anatomiques de leur race, leurs besoins, leurs croyances, leurs sentiments, les qualités différentes des choses ou des personnes peuvent exercer une influence, directe ou indirecte, médiate ou immédiate, sur le succès social de l'idée de l'égalité : pour être sûr de n'oublier aucun de ses antécédents, il faudrait passer en revue toutes ces espèces de phénomènes, et peser l'efficacité propre à chacune d'elles. En ce sens, l'explication intégrale d'un fait social suppose une conspiration de toutes les disciplines de l'histoire, de celles qui ont déjà revêtu la forme scientifique comme de celles qui l'attendent encore : sociogéographie, technologie, anthropologie, psychologie des peuples, économie politique, science des religions, de la morale, etc. : cette conspiration, c'est la future philosophie de l'histoire, qui ne doit plus être, comme celle de l'âge héroïque, antérieure, mais postérieure à la connaissance scientifique des faits sociaux.

Que le moment de ces synthèses grandioses ne soit pas encore venu, on le sait d'ailleurs. On sait aussi que, pour en hâter la venue, il faut, suivant le précepte cartésien, diviser les difficultés, c'est-à-dire procéder par analyse. Il semble qu'on ne puisse actuellement

Célestin Bouglé

constituer de science sociale qu'à la condition de décomposer l'histoire, c'est-à-dire d'isoler ses « facteurs » pour pousser aussi loin qu'il est possible la connaissance de leurs formes propres, de leurs conséquences et de leurs causes. C'est pourquoi nous ne nous proposons pas d'épuiser les causes diverses de ce phénomène historique qui est le succès des idées égalitaires : parmi les séries de conditions qui peuvent concourir à sa production, nous en choisissons une, moins étudiée que les autres, mais non moins importante, pour mesurer l'influence qui lui revient ; et c'est la série des phénomènes proprement sociaux. – En un mot, des problèmes scientifiques de l'égalitarisme, déjà séparés en bloc des problèmes pratiques, nous ne retenons que le problème sociologique.

Lorsqu'on nous a dit sur quel sol et sous quel ciel vit un groupe d'hommes, s'ils sont dolichocéphales brachycéphales, aryens ou sémites, s'ils sont entrés ou non dans l'âge des machines, s'ils craignent Dieu ou n'y paraissent pas penser, s'ils sont insouciants ou prévoyants, s'ils penchent vers le matérialisme ou vers l'idéalisme, on n'aura pas encore épuisé la liste des déterminants de leur histoire. Mais comment sont-ils groupés, et suivant quel mode ? Leur société est-elle grande ou petite, homogène ou hétérogène, simple ou compliquée, inorganisée ou centralisée ? Et quelles sont les diverses conséquences de ces formes diverses ? – Autant de questions que les différentes sciences des phénomènes historiques n'abordent pas directement, et, qui méritent cependant d'être traitées à part.

Indépendamment en effet des phénomènes physiques ou psychiques qui se déroulent à l'intérieur des sociétés, quelles que soient la race ou les idées des unités qu'elles associent, les sociétés se ressemblent ou diffèrent par la façon dont leurs unités sont associées, par les modalités de leur groupement. Et sans doute, sur ces modalités mêmes, les caractères physiologiques ou psychologiques des hommes rassemblés sont capables d'exercer une action : elles n'en sont pas moins des faits spécifiques, et par suite elles doivent posséder une efficacité propre, qu'il s'agit de mettre en lumière. En un mot, indépendamment de leur matière, il y a lieu de classer les *formes* des sociétés, de déterminer les relations qu'elles peuvent soutenir avec les différents ordres de phénomènes historiques, de fixer ainsi les faits qui les précèdent ou ceux qui les suivent régulièrement : c'est-à-dire qu'il, y a place, à côté des différentes sciences sociales, pour une science de ce qui est spécialement social, la sociologie proprement dite.

Si la sociologie *lato sensu*, rejoignant la philosophie de l'histoire, ne peut être qu'une « synthèse des sciences sociales particulières, il est permis de concevoir, en attendant l'heure de sa construction, une sociologie, *stricto sensu* qui serait elle-même une science sociale particulière – la science des formes des sociétés, de leurs causes et de leurs conséquences [1].

*

* *

On comprend à présent ce qui constitue à nos yeux le problème purement sociologique des idées égalitaire : nous ne recherchons méthodiquement, parmi les conditions de leur succès, que celles qui se trouvent dans le champ des formes sociales.

---

1 Il nous semble inutile de marquer encore une fois, en revenant sur les principes et les méthodes, la place de cette conception de la sociologie parmi celles qui ont jusqu'ici prévalu, Les classifications des différents efforts par lesquels on a tenté de constituer la sociologie abondent aujourd'hui : v. par exemple, BARTH, *Philosophie der Geschichte als Sociologie*, I, Leipzig, 1897, et STEIN, *Die Sociale Frage im Lichte der Philosophie*, Stuttgart, 1897. Nous avons nous-même indiqué, dans un livre sur les *Sciences sociales en Allemagne*, 1896, les diverses façons dont on peut comprendre le rapport de la sociologie à la pratique, à l'histoire, à la psychologie.

Quelles influences multiples ont guidé notre choix parmi ces conceptions, il nous est difficile de le discerner nous-même. Nous pouvons toutefois nommer avec certitude – en leur adressant ici le témoignage de noire reconnaissance – les deux auteurs dont nous nous sommes le plus immédiatement inspiré ; M. SIMMEL et M. DURKEIM. Encore que nous n'acceptions pas leurs indications sur tous les points, et qu'en particulier certaines divergences (mais d'expression peut-être plus encore que de pensée ?) nous séparent de M. Durkheim, il y a, entre les principes généraux de ces deux sociologues et les nôtres, une évidente parenté. C'est ce dont on pourrait se rendre compte en rapprochant du programme de L Simmel (le *Problème de la Sociologie*, dans la *Revue de Métaphysique* et de *Morale* du 15 septembre 1894), et de celui de M. Durkheim (les *Règles de la Méthode sociologique*, 1895), nos articles sur la définition de la sociologie (dans la *Revue de Métaphysique et de Morale* du 15 mai 1896, et dans la *Revue de Paris* du 1er août 1897).

On verra, d'ailleurs, par les notes des chapitres qui vont suivre, que nous avons fréquemment utilisé, pour la solution du problème que nous venons de poser, les idées et les faits rassemblés dans la *Sociale Differenzierung* dans la *Division du travail social*.

Célestin Bouglé

Entre les formes sociales que nous pouvons distinguer, quelles sont celles qui favorisent l'expansion de l'égalitarisme, telles que leur seule présence dans un pays et dans un temps fournirait du progrès qu'y font les idées égalitaires, une explication partielle ? – Telle est la question précise que nous voulons nous poser.

Si nous réussissions à y répondre, en même temps que nous aurions contribué à la connaissance scientifique d'une des idées sociales les plus actives, nous aurions prouvé, par un exemple et non plus seulement par des considérations de méthode, la spécificité de la sociologie.

Première partie

Chapitre premier
Définition des idées égalitaires

Qu'entendons-nous par l'idée de l'égalité des hommes ?

Puisque nous voulons la soumettre à une étude aussi objective qu'il est possible, il semble que nous devrions, pour la définir, laisser parler « les faits » : de la confrontation des principes qui dirigent les différentes sociétés égalitaires son essence devrait, en quelque sorte, jaillir toute seule. – Mais à quels signes reconnaîtrons-nous ces sociétés égalitaires si nous n'avons établi, au préalable, ce qui est pour nous l'égalité ? Force nous est donc de commencer notre recherche par une définition conventionnelle.

Et d'abord, les idées égalitaires sont à nos yeux des « pratiques ». Nous avons rappelé la distinction qu'il faut maintenir entre les jugements qui constatent et les jugements qui apprécient. Lorsque j'affirme : « Cette table est blanche, cet homme est blond », l'attitude de mon esprit n'est pas la même que si j'affirme : « Cette table est belle, cet homme est respectable. » Sans doute, dans un cas comme dans l'autre, je juge ; mais la position de l'objet vis-à-vis du sujet n'est pas la même dans les deux jugements. Par le premier j'exprime, autant qu'il est en moi, la nature même de l'objet, – sa *réalité*. Par le second j'exprime son rapport aux personnes, les sentiments qu'il leur inspire, ou peut, ou doit leur inspirer, – sa *valeur*. Ce sont des jugements de cette dernière espèce que nous plaçons sous les mots : *idées égalitaires*. Elles sont à nos yeux tournées non vers le fait, mais vers l'action. Appliquée aux sociétés, l'idée de l'égalité se définit par des appréciations : le jugement qu'elle porte sur les hommes est un jugement de valeur.

Mais parmi les jugements de valeur en général, quelle est la place des idées égalitaires ?

Leur originalité consiste précisément à attribuer aux hommes une valeur propre, différente de la valeur des *choses*. La notion de valeur, dans sa généralité, s'applique à la fois aux choses et aux hommes ; la valeur des choses apparaît lorsqu'un échange les rapproche comme la valeur des hommes apparaît lorsqu'une société les met en relation. Mais tandis que les choses échangées n'ont de prix que pour ceux qui les échangent, les hommes associés ont à nos yeux un prix en eux-mêmes et pour eux-mêmes. Centres d'action et de passion, mesures de toutes valeurs et valeurs elles-mêmes absolues, nous posons les personnes humaines comme seules véritables causes et fins : à elles seules, par suite, les notions de devoir et de droit nous paraissent pouvoir s'appliquer, C'est pourquoi nous déclarons que les choses sont « utilisables », et les personnes « respectables » : la notion de à valeur des choses n'entraîne que celles de nos prétentions et de nos pouvoirs sur elles ; la notion de la valeur des personnes entraîne celles de nos devoirs envers elles. C'est dire que les idées égalitaires, parce qu'elles affirment la valeur des hommes, sont, parmi les idées « pratiques », des idées proprement « morales ». – Déclarer les hommes égaux c'est édicter une façon de les traiter : jugement de droit, non jugement de fait, prescription, non constatation. De ce point de vue nous apercevons, dans l'idée de l'égalité, non un indicatif scientifique, purement intellectuel, mais une sorte d'impératif, à la fois sentimental et actif.

Mais pour que nous pensions à traiter, conformément à cet impératif, les individus avec lesquels nous entrons en relations, ne faut-il pas que nous ayons, au préalable, porté certains jugements de fait sur leur nature même

Le premier élément constitutif de l'égalitarisme, c'est l'affirmation que l'humanité a une valeur propre, et que par suite tous les hommes ont des droits. Encore faut-il, pour que nous étendions à tous les individus quels qu'ils soient les conséquences de cette affirmation, que nous les ayons reconnus comme étant, les uns aussi bien que les autres, des hommes. Sous les différences que maintiennent entre eux les sociétés particulières ou les races spéciales auxquelles ils appartiennent, il faut que nous ayons retrouvé leurs ressemblances, grâce auxquelles nous les posons comme faisant également partie de la société humaine, du genre humain. En ce sens il est vrai de dire que nous ne traitons en « égaux » que ceux que nous tenons pour nos « semblables » ; le jugement de droit implique ici un jugement de fait. Nous ne pouvons reconnaître aux hommes des droits égaux sans leur reconnaître une certaine identité de nature.

Première partie

Est-ce à dire que nous devions nier, par là même, toute espèce de distinction réelle entre les hommes ? L'idée de l'égalité des hommes entraînerait-elle nécessairement la méconnaissance des différences qui séparent les individus ?

Décréter *a priori* des distinctions collectives, et parquer, en quelque sorte, les individus en classes ou en espèces hétérogènes, auxquelles on attribuerait des valeurs inégales, voilà ce qui serait formellement contraire à l'égalitarisme. La conception de l'humanité ne se concilie pas avec la conception des castes. L'égalitarisme ne saurait s'accommoder de distinctions collectives et préjugées.

Mais est-il empêché, du même coup, de tenir compte des différences individuelles établies par l'expérience ?

Au contraire, le sentiment de la valeur propre à l'individu nous parait être un élément essentiel des idées égalitaires. Ces hommes, dont elles affirment la valeur, ne sont-ils pas, par définition, non seulement les plus complexes de tous les objets – par suite aussi ceux qui, tout en appartenant à un même genre, sont susceptibles de différer le plus les uns des autres – mais encore les seuls sujets qui, ayant la pleine conscience d'eux-mêmes, sont capables de poser les unes en face des autres leurs individualités ? On ne saurait les égaliser sans tenir compte de ce fait qu'ils sont des personnes, c'est-à-dire des centres d'activité indépendants et originaux. Et c'est justement le sentiment de la valeur propre à la personne qui interdit de parquer les personnes en des groupes d'inégale valeur. On admet d'autant moins, pourrait-on dire, les distinctions collectives que l'on veut mieux apprécier les distinctions individuelles. Le respect du genre humain ruine celui de la caste, mais non celui de la personnalité. L'individualisme est, en ce sens, une pièce maîtresse de l'égalitarisme. L'idée de la valeur commune aux hommes n'écarte nullement, mais appelle, au contraire, l'idée de la valeur propre à l'individu.

Si donc l'idée de l'égalité exclut à nos yeux celles de la classe ou de l'espèce, elle réunit celles de l'individualité et de l'humanité : en d'autres termes, dans un esprit qui déclare les hommes égaux, le sentiment qu'ils sont semblables n'exclut nullement, le sentiment qu'ils sont différents. Bien plutôt, c'est parce que les hommes se

Célestin Bouglé

présentent sous ces deux aspects à la fois que nous leur attribuons une valeur égale.

Des caractères, du jugement de valeur ainsi fondé découlent ceux des impératifs qu'il implique.

Nous enjoint-il de traiter de manière identique les individus différents ? Il veut au contraire qu'on tienne compte et qu'on tienne compte seulement de leurs différences individuelles. Déduire des commandements de l'égalité l'uniformité des sanctions que la société devrait appliquer aux actions des individus, c'est oublier qu'égalité n'est pas identité. Réclamer l'égalité des facultés juridiques, n'est pas proclamer l'égalité des facultés réelles. Reconnaître aux individus mêmes droits n'est pas demander qu'à leurs actions, pour inégales qu'elles soient, les mêmes sanctions soient réservées, mais seulement que ces sanctions soient départies à ces actions inégales suivant les mêmes poids et les mêmes mesures. La formule des exigences logiques de l'égalitarisme est « proportionnalité », non «-uniformité ».

Et sans doute, pour que l'inégalité des sanctions fût exactement proportionnée à l'inégalité des actions individuelles, il importerait que les conditions d'action fussent les mêmes pour tous les individus : qui veut mesurer exactement la différence de deux forces les fait partir du même niveau. De ce point de vue, s'il est faux que l'égalitarisme, niant les différences des individus, vise à supprimer leur concurrence, il est vrai qu'il vise à égaliser les conditions de cette concurrence même : dites en ce sens qu'il est « niveleur » et amateur d'uniformité. Mais ce n'est là qu'un moment de la dialectique égalitaire. C'est pour apprécier justement les différentes valeurs des actions individuelles qu'elle veut que rien n'en soit préjugé, et que d'égales possibilités leur soient ouvertes. L'égalité des possibilités n'est pas faite pour effacer, mais pour mettre au contraire en relief l'inégalité des puissances. En ce sens, l'uniformité n'est, dans le système des idées que nous cherchons à définir, qu'un moyen en vue de la proportionnalité.

De ce système nombre de prescriptions particulières pourraient être déduites ; si l'on voulait descendre dans le détail de l'organisation pratique, et indiquer, par exemple, les mesures qu'une société doit prendre pour ajuster, aux différentes espèces d'actions qui l'intéressent, les différentes espèces de sanctions dont elle dispose, Il faudrait déterminer et spécifier les principes que nous venons de poser. Mais il suffit qu'on les ait aperçus dans leur généralité pour saisir ce qui constitue à nos yeux l'essence même des idées égalitaires.

Dès à présent, on peut les reconnaître : elles sont pour nous des idées *pratiques*, postulant la valeur de *l'humanité* et celle de *l'individualité*, – comme telles tenant compte des *différences* des hommes en même temps que de leurs *ressemblances*, – leur reconnaissant par suite, non les mêmes facultés réelles, mais les mêmes *droits*, – et réclamant enfin qu'à leurs actions diverses des sanctions soient distribuées, non *uniformes*, mais *proportionnelles*.

Chapitre II
Réalité des idées égalitaires

Notre définition de l'idée de l'égalité est toute conventionnelle. Elle n'implique pas plus la réalité de son objet que la définition d'un triangle, ou même que l'invention d'une chimère. Avant donc de chercher les conditions sociologiques du succès des idées égalitaires, il importe de prouver ce succès même, et qu'elles existent bien, dans la réalité historique, comme idées sociales.

Dans deux cas en effet une étude sociologique des conditions de l'égalitarisme serait par avance inutile : non seulement si l'égalitarisme ne se montrait, de fait, dans aucune société, mais encore s'il se montrait dans toutes les sociétés. Dans un cas comme dans l'autre il serait établi que les formes sociales n'exercent sur lui aucune action appréciable. Ainsi, de ce que les marées vont et viennent aussi bien sans vents que par tous les vents, on conclut que les forces du vent ne déterminent en rien le va-et-vient des marées.

Essayons donc de prouver *a posteriori* qu'il se rencontre, dans quelques temps et quelques lieux, mais non dans tous les lieux et tous les temps, des idées sociales semblables à celles que nous avons définies *a priori*.

Mais d'abord, qu'entendre par « idées sociales » ? Se contentera-

Célestin Bouglé

t-on pour les définir de les opposer aux idées individuelles ? Une conscience collective et impersonnelle existerait alors en dehors des consciences personnelles et particulières : comme elles, et indépendamment d'elles, « l'âme de la cité » le « Volksgeist », l'« esprit du temps » aurait ses pensées propres. Et ce seraient les pensées de ce mystère, les rêves de cette ombre, qui seules mériteraient le titre d'idées sociales ? Fuyons toutes les discussions qui tournent sans fin autour de ces entités en disant plus simplement qu'une idée est sociale lorsqu'elle est communément admise par les individus qui composent une société.

Mais encore, à quels signes reconnaître une idée communément admise ? Tous les individus prennent-ils une égale conscience des principes directeurs de leur groupe ? Nous suffira-t-il, pour découvrir leurs vrais traits d'union, d'examiner le premier venu, – ou nous faudra-t-il interroger ceux qui font profession de réfléchir, les penseurs, les faiseurs de systèmes ? Alors ne risquons-nous pas de nous perdre dans la diversité même de leurs théories, et, en suivant le fil des idées qui leur sont propres, de rencontrer, en lieu et place de l'unanimité cherchée, la variété dies opinions individuelles ?

Toutefois, sous l'empreinte originale des personnalités, il sera possible de retrouver, dans les œuvres d'un pays et d'un temps, les traces d'un même esprit ; ces notions communes qui, malgré les divergences des pensées personnelles, se seront imposées aux unes comme aux autres, on dira légitimement qu'elles « règnent ». Et puis, d'autres moyens nous restent, plus indirects, mais peut-être plus sûrs, de discerner les tendances dominantes d'une société. Toute pensée est un commencement d'« action. Les pensées intimes et profondes d'un individu se traduisent dans sa conduite : parfois, pour les deviner, mieux vaut interpréter ses actes qu'écouler ses paroles, et s'en tenir à ce qu'il fait qu'à ce qu'il dit. Ainsi dans les sociétés, les modes d'actions généralement pratiquées seront les signes, les plus expressifs du tour des opinions généralement reçues : consolidées, objectivées ou non, inscrites dans les choses ou seulement dans les âmes, les habitudes collectives, – c'est-à-dire celles que chaque individu se sent tenu d'observer, – manifestent les idées acceptées par la masse des individus ; les transformations des autres ne peuvent manquer de s'exprimer par les transformations des autres. À moins d'admettre en elles que les institutions et les moeurs sont choses suspendues entre ciel et terre, qui se font et se défont toutes seules, il faut bien reconnaître qu'elles reposent, en un sens, sur l'entente des esprits à chacun desquels elles s'imposent. – et que par conséquent leur état est révélateur de l'état de l'esprit public.

*

* *

Dans quelles sociétés les pensées et les habitudes, les livres et les codes, les institutions rêvées comme les institutions respectées manifestent-elles donc que l'esprit égalitaire est en marche ?

Si l'on se rappelle les éléments de notre définition de l'idée de l'égalité, on reconnaîtra aisément que nous n'avons eu, pour les ressembler, qu'à chercher autour de nous, dans les sociétés modernes et occidentales : c'est des réalités les plus proches que nous nous sommes inspirés ; c'est bien l'esprit de notre temps qui nous a soufflé nos mots.

Et sans doute, plongés au confluent des divers courants d'idées contemporaines, c'est leur diversité surtout que nous devons ressentir. De quoi sont frappés et chagrinés les esprits qui cherchent aujourd'hui leur voie ? De la multiplicité des principes qu'on invoque comme de celle des pratiques qu'on propose : pencherons-nous, en morale, vers le naturalisme ou l'idéalisme ? en politique, vers l'individualisme ou le socialisme ? – Au premier abord, il semble qu'on n'aperçoive pas de points de contact entre ces irréconciliables.

Toutefois, élevons-nous au-dessus de notre temps, et comparons en bloc les théoriciens de notre civilisation avec ceux des civilisations archaïques, ou seulement nos écrivains du XIXe siècle avec ceux du XVIIe, nous mesurerons plus aisément le chemin parcouru par les sociétés : nous saisirons le mouvement d'ensemble par lequel des contemporains différents, et souvent ennemis, sont entraînés du même pas.

Qu'on suive en effet la direction idéaliste ou la direction naturaliste de la morale, – celle des doctrines de la dignité ou celle des doctrines de l'utilité, celle de Rousseau et de Kant ou celle de Bentham et de Stuart Mill, – on verra que ces routes opposées

Célestin Bouglé

conduisent toutes deux à l'égalitarisme. Pour les Kantiens, il est trop évident que, définissant la moralité par la bonne volonté, et dotant toutes les personnes humaines de volontés également libres, ils décrètent immédiatement, en même temps que l'égalité des devoirs, l'égalité des droits. Mais croit-on que les utilitaires la nient ? Sumner Maine en fait justement la remarque [1] ; leur idéal, « le bonheur général, c'est-à-dire le plus grand bonheur du plus grand, nombre » n'est recevable que s'ils prêtent à tous les individus un droit égal à la jouissance. Pour qu'une société vise à s'organiser suivant les principes utilitaires, il faut qu'elle ait d'abord accepté les principes égalitaires. Chacun, suivant la formule de Bentham, « doit y compter pour un et n'y compter que pour un » – Ainsi la diversité des systèmes de morale modernes n'exclut pas la possibilité d'un accord, à un certain « moment », sur les prescriptions de l'égalité.

De même, la diversité des politiques préconisées n'empêche pas les libéraux et leurs adversaires, d'invoquer, les uns comme les autres, ces mêmes prescriptions. Ouvrons, après une histoire socialiste, une histoire individualiste de la notion de d'État au XIXe siècle [2] » : l'une comme l'autre nous laissent dans l'esprit l'idée que les individus ont les mêmes droits « non seulement à l'existence, mais encore à la culture », et qu'en face d'eux l'État n'a plus « que des devoirs », comme l'administration des intérêts collectifs et la garantie des droits individuels. Ceux-là mêmes qui ne s'accordent nullement sur les modes de l'intervention de l'État, semblent plus près de s'entendre sur sa raison d'être : les questions qui divisent sont des questions de « moyens » plutôt que des questions de « fins »[3]. Ainsi « pourvu que l'on veuille bien distinguer entre l'individualisme-fin et l'individualisme-moyen » on s'aperçoit que les deux extrêmes de la politique se touchent en plus d'un point : le socialisme et l'individualisme discutent sur les pratiques propres à réaliser les principes égalitaires moins que sur ces principes eux-mêmes [4]. –

1 *Histoire des Institutions primitives*, p. 489.

2 H. MICHEL, L'Idée de l'État, 1896; C. ANDLER, Les Origines du Socialisme d'État en Allemagne, F. Alcan, 1897.

3 Suivant M. Andler comme suivant M. Michel, la position de l'idéal est à distinguer de la recherche scientifique des moyens propres à le réaliser.

4 Cf. ce que dit M. JAURÈS dans un article de la Revue de Paris 1er Décembre 1898), p. 499 : « Le socialisme est l'individualisme logique et complet. Il continue, en l'agrandissant, l'individualisme révolutionnaire. » – M. ESPINAS avait déjà fourni des faits nombreux à l'appui de cette thèse, dans son livre sur La Philosophie

Tant il est vrai que sous les couleurs diverses des politiques et des morales, un même fond d'idées sociales transparaît.

Objectera-t-on que cette revue est singulièrement incomplète ? qu'il existe jusqu'à nos jours plus d'une politique conservatrice et plus d'une morale aristocratique ? – Soit, mais n'oublions pas notre but : nous ne cherchons nullement ici à connaître, dans ce qui caractérise et distingue, chacun d'eux, les différents systèmes élaborés par les théoriciens mais bien à discerner le sens général des idées qui ont « réussi », c'est-à-dire s'imposent aux sociétés modernes, et pénètrent leur organisation. Si la comparaison des philosophies, qu'elles ont vu naître nous laisse encore incertains, comparons donc leurs institutions mêmes, et les réformes qu'elles leur font subir, – leurs tendances vraiment dominantes ne sauraient de cette façon nous échapper.

Depuis le moment où Tocqueville la saluait en termes religieux, la procession de l'humanité vers la démocratie est un fait, semble-t-il, universellement reconnu. Qu'ils fassent consister le progrès dans le passage des sociétés de type militaire aux sociétés de type industriel, – ou des sociétés fondées sur la solidarité mécanique aux sociétés fondées sur la solidarité organique, – ou des sociétés dominées par la coutume aux sociétés dominées par la mode [1] – les différents systèmes sociologiques ont exprimé ce même fait chacun à leur façon : la différence même de leurs principes ou de leurs méthodes rend d'autant plus vraisemblable la réalité du phénomène qu'ils s'accordent à constater.

Il faut se garder, sans doute, de tenir pour démontré dès à présent que la démocratie soit forcément l'aboutissant de toute évolution sociale : ce serait se méprendre étrangement sur le caractère des lois sociologiques que d'y voir on ne sait quelles « lois d'évolution » qui prédestineraient, par exemple, – quelles que dussent être les circonstances variées de leur développement, – toutes les sociétés à la démocratie. Retenons plutôt que ce progrès dans le sens démocratique est, sur la surface de la terre, une sorte d'exception, <u>ou encore que toutes les sociétés ne sont pas élues pour ce que nous</u>

sociale au XVIIIe siècle et la Révolution (F. Alcan).

1 La première théorie est celle de H. SPENCER, la seconde, celle de M. DURKHEIM, la troisième, celle de M. TARDE. Nous avons plus longuement exposé la thèse qui leur est commune dans un article de la Revue de Métaphysique et de Morale de janvier 1896 : Sociologie et Démocratie

Célestin Bouglé

appelons le progrès. C'est seulement dans deux parties du monde, l'Europe et l'Amérique, sur les points où quelques peuples latins, germains, anglo-saxons ont institué une certaine civilisation dite occidentale, que nous pouvons constater une « évolution générale » vers la démocratie. Mais, entre ces limites, elle se manifeste avec toute la clarté désirable.

À quel résultat nous conduit en effet l'histoire des partis et des formes politiques au XIXe siècle dans les différents pays d'Europe ? – Des deux partis extrêmes, l'absolutiste et le démocrate, qu'elle distingue au lendemain de la Révolution, – l'un voulant une société fondée sur l'inégalité héréditaire et un gouvernement fondé sur la souveraineté absolue du prince, l'autre réclamant l'égalité sociale et la souveraineté du peuple, – c'est le démocrate qui l'a emporté [1]. Sumner Maine est obligé de le reconnaître : la théorie de la souveraineté nationale, substituant à la doctrine de l'État-maître la doctrine de l'État-serviteur, est pleinement acceptée en France, en Italie, en Espagne, en Portugal, en Hollande, en Belgique, en Grèce, en Suède, en Norvège ; et si ni l'une ni l'autre ne la professent expressément l'Allemagne la respecte, l'Angleterre la pratique [2]. Le régime absolutiste, confiné dans les empires de l'Est, en Russie ou en Turquie,, n'est plus, nous dit M. Seignobos [3], qu'une survivance. Le régime libéral devient le gouvernement normal de l'Europe.

Et sans doute il est, suivant les États, inégalement réalisé. Tous n'admettent pas encore, par exemple, le suffrage. Universel ; plusieurs s'en tiennent au suffrage restreint ou au suffrage gradué, ou au vote plural. Mais tous du moins, les uns plus tôt, les autres plus tard, sont obligés dé s'ouvrir à l'idée de l'égalité politique. « Dans l'État moderne, dit M. Benoît [4], qu'il soit empire, royaume, ou république, personne n'est plus en dehors ni au-dessus de la loi. Le législateur lui-même est dans la loi et sous la loi. Le pouvoir législatif ne réside plus, ainsi qu'il résidait jadis, dans la personne d'un chef plus ou moins assisté de quelques conseillers ; il réside ou il est censé résider dans le peuple ». La pyramide est décidément retournée.

---

1 V. SEIGNOBOS, *Histoire politique de l'Europe contemporaine*, 1897 Conclusion.
2 S. MAINE, *Essais sur le gouvernement populaire*, p. 21.
3 *Op. Cit.*, p. 802.
4 *Revue des Deux-Mondes*, 1895, IV, p. 7-8.

Et qu'on n'ajoute pas, avec S. Maine, que tous ces, changements ne sont que des changements de forme gouvernementale – peut-être éphémères, peut-être superficiels : c'est l'ensemble de leurs institutions que les sociétés occidentales transforment, d'un même mouvement, dans le même sens. Ce n'est pas seulement la faculté de contribuer au gouvernement, mais celle d'être également protégés par les lois, d'accéder sous les mêmes conditions aux fonctions publiques, celle même de participer aux richesses collectives, qu'elles tentent de distribuer à tous leurs membres : elles ne veulent l'égalité politique que parce qu'elles veulent l'égalité juridique, civile, économique.

Pour l'égalité devant la loi – l'isonomie – il est trop évident qu'elle est la première œuvre des États modernes et qu'ils inaugurent, plus ou moins lentement, l'ère démocratique par la destruction des lois particulières,. Des lois comme, celle qui, intitulée Maître et Employé, reconnaissait, naguère encore, en pleine Angleterre du XIXe siècle, l'inégalité légale de l'ouvrier et du patron, apparaissant, comme de moins en moins tolérables. « *Non sunt privatae leges* », le principe du vieux droit romain domine enfin l'histoire de l'Europe. Le monopole s'efface en même temps que le privilège. Le nombre des fonctions héréditairement transmises va diminuant, tandis qu'augmente celui des fonctions individuellement acquises après concours. L'égal accès aux fonctions publiques est, avec l'isonomie, le minimum des droits que tout gouvernement moderne reconnaît à ses sujets. Quant à l'égalité économique enfin, si elle est, de toutes, la moins réalisée, on peut juger, par les efforts que font tous les gouvernements pour réglementer les rapports du capital et du travail, que les aspirations qu'elle suscite se traduiront à leur tour dans les institutions.

Que toutes ces tendances répondent précisément aux idées que nous avons définies, il est aisé de le démontrer.

Et d'abord le premier postulat qui leur est commun est l'idée de la valeur propre l'individu. N'est-ce pas à cette idée qu'obéit le droit lorsqu'il détache, pour le juger, l'individu de son groupe, et déclare que les fautes, comme les mérites, sont personnelles ; – l'administration publique, lorsqu'elle enlève ses fonctions aux familles qui en faisaient des propriétés transmissibles, pour les prêter aux individus qu'elle adjugés capables de les remplir, – la

Célestin Bouglé

politique, lorsque, dans ses systèmes électoraux elle compte, non par ordres, corporations ou lignages, mais par individus, – l'économie enfin, lorsqu'elle refoule toutes les espèces du communisme pour chercher une organisation qui assure à chaque individu sa part ?

Mais sont-ce des parts égales que ces reformes tendent à faire aux hommes, si différents qu'ils soient, ou – comme il le faudrait pour qu'elles répondissent à notre définition, – sont-ce des parts proportionnelles à la valeur des actes ?

Pour l'égalité civile et juridique, il est trop clair qu'en la réclamant on ne nie nullement les différences individuelles : on veut au contraire qu'il soit tenu compte, et tenu compte seulement, des mérites ou démérites personnels. Déclarer tous les citoyens égaux devant la loi, ce n'est pas demander qu'elle assure à leurs actions, si différentes qu'elles soient, les mêmes sanctions, mais au contraire qu'elle proportionne, à l'inégalité des fautes commises ou des services rendus, les sanctions dont elle dispose. De même, lorsqu'on décrète que tous les citoyens seront « également admissibles à toutes dignités places et emplois publics », on efface, pour reprendre la formule de la Déclaration des Droits, toute distinction autre que « celle de leurs vertus et de leurs talents »; mais c'est précisément à seule fin de mettre cette distinction en relief qu'on veut effacer toutes les autres. Le régime démocratique du concours, proclamant l'égalité des droits des concurrents, a justement pour but de mesurer les différences de leurs facultés.

Mais, avec la conscience de ces différences, l'exigence de l'égalité économique et politique s'accordera-t-elle aussi aisément que celle de l'égalité civile et juridique ?

On semble parfois croire que l'égalitarisme économique impliquerait la négation de la différence des capacités, et qu'il donnerait tout uniment à chacun la même part. Toutefois, il faut reconnaître que rien, dans le mouvement des institutions, modernes ne permet de prévoir l'opération difficilement concevable qui consisterait à distribuer, en parts égales, les richesses de la nation : si les théories socialistes agitent la conscience publique, c'est bien plutôt lorsqu'elles dénoncent la disproportion qui subsiste entre certains travaux et certains salaires, et demandent la mise en pratique de la maxime : « À chacun selon ses œuvres. »

Première partie

Reste l'égalitarisme politique, qui semble en effet, au premier abord, difficilement conciliable avec l'idée de la diversité des hommes. Des citoyens qui se décrètent tous électeurs et éligibles ne se décernent-ils pas, du même coup, les mêmes aptitudes. Et leur respect des décisions de la majorité ne s'explique-t-il pas parce que, comme le dit Tocqueville [1], il leur paraît invraisemblable qu'ayant tous des lumières pareilles, la vérité ne se rencontre pas du côté du plus grand nombre ? – On peut toutefois, sans croire à l'identité des lumières, exiger l'égalité des droits politiques : cette exigence se justifie de plus d'une façon. N'est-ce pas un fait d'expérience que si l'on confie à une seule classe de citoyens l'exécution comme la confection des lois par lesquelles doivent être maintenues ou obtenues l'égalité civile, juridique, économique, ces égalités mêmes se trouvent fatalement menacées ? Par où s'expliquerait la nécessité de faire également participer les individus différents à la surveillance d'un système d'institutions, qui a pour fin la juste appréciation des différences individuelles. L'égalité politique serait ainsi conçue comme une sorte de garantie générale de toutes les autres : par celle-là comme par celles-ci une même idée se manifesterait, qui se trouve conforme à notre définition : ce que paraissent vouloir les sociétés modernes, occidentales, c'est qu'on tienne, compte des différences des hommes en même temps que, de leurs ressemblances, et que par suite on proportionne, aux valeurs de leurs actions personnelles, les sanctions qu'on leur distribue.

Toutefois, parmi les institutions que maintiennent nos sociétés, n'en est-il pas qui contrarient directement cet idéal ?

L'existence de « classes » sociales, que d'aucun vantent comme d'admirables instruments de sélection naturelle, qui, par les barrières qu'ils dressent entre les groupements, et les privilèges qu'ils assurent à certains d'entre eux, veillent à la conservation des supériorités [2], n'inflige-t-elle pas un incessant démenti à notre théorie ? L'idée de l'égalité, nous l'avons remarqué, répugne à l'idée de la classe.

Mais rappelons d'abord que les classes, dans nos sociétés, n'existent plus en droit. En ce sens Guizot avait raison de déclarer

---

1 *De la Démocratie en Amérique*, III, p. 18.
2 V. AMMON, *Die Gesellschaftsordnung und ihre natürlichen Grundlagen*, 2e éd., 1896

Célestin Bouglé

qu'il n'y a plus de luttes de classes : les classes n'ont plus d'existence officiellement reconnue. Oserait-on déclarer, dans une même société moderne, la coexistence de deux droits différents, fixant, pour un même acte, une forte peine s'il a été commis par un artisan, une faible peine s'il a été commis par un propriétaire ? De même, nous avons vu que les fonctions publiques cessent d'être l'apanage de telle catégorie de citoyens, comme les droits politiques commencent à se répartir entre tous les citoyens sans distinction.

On dira peut-être que, si les classes ne se laissent plus définir ni civilement, ni juridiquement, ni politiquement, l'inégalité économique suffit à les distinguer ? – C'est elle que visent les socialistes lorsqu'ils en appellent à cette éternelle lutte des classes qui mène l'histoire : ils opposent la classe des prolétaires à celle des capitalistes. Mais, – sans compter les difficultés auxquelles on se heurte si l'on veut marquer avec précision où commence le prolétaire et où finit le capitaliste, – il faut observer qu'ici encore les différences de fait n'entraînent nullement des différences de droit. Il n'y a pas de lois faites pour interdire, à telle catégorie de citoyens, telle espèce, d'activité productrice de richesses : la société laisse tous ses membres également libres d'acquérir et de posséder. Et peut-être les socialistes pourront-ils prouver, – étant donnée la façon dont se distribuent, en fait, les richesses, – que cette liberté est « illusoire », que cette égalité des droits économiques n'est pas « réelle ». Ce qui importe ici à notre thèse, c'est qu'elles existent du moins « théoriquement ». On démontrera peut-être que l'agencement des lois sur la transmission des propriétés foncières, par exemple, doit avoir pour conséquence indirecte la pauvreté d'un nombre toujours plus grand d'individus ; il n'en reste pas, moins qu'aucune loi, formellement et directement, ne leur interdirait la richesse. Rien donc, dans le système des institutions que nos sociétés s'imposent, qui permette de conclure qu'elles avouent l'existence des classes, et professent ces distinctions collectives et préjugées devant lesquelles s'effaceraient, nous l'avons vu, les justes distinctions individuelles.

Toutefois, les distinctions qui n'ont plus d'existence légale ne survivent-elles pas dans les mœurs ? N'est-ce-pas un fait que toutes nos sociétés occidentales supportent, plus ou moins docilement, une sorte de hiérarchie mondaine qui les divise en groupes plus ou moins distingués, considérés ou suspectés, et que la façon dont on y traite un individu dépend le plus souvent du groupe auquel, d'après son habit, ses manières ou son ton, on aura jugé qu'il appartenait ?

Mais d'abord ces distinctions de « mondes » perdent chaque jour de leur, rigidité : ce ne sont plus, des, castes, où l'on entre que par droit de naissance, mais des cercles, qui par l'admission chaque jour plus tolérante d'éléments hétérogènes, s'élargissent incessamment. De plus, entre ces cercles mêmes, les distances sont de moins en moins marquées ; si délicat qu'il soit de mesurer ces nuances, on peut affirmer que les égards, entre classes supérieure et inférieure d'unilatéraux qu'ils étaient se font de plus en plus réciproques [1]. Et enfin, dans des sociétés comme les nôtres, où les règles essentielles de l'activité, générale, ne manquent plus d'être dûment formulées, où la puissance de l'État se met immédiatement au service des habitudes collectives vraiment indispensables au bien de l'ensemble, la portion de la vie sociale que les lois abandonnent en quelque sorte aux mœurs proprement dites perd chaque jour de son importance. Si donc il est vrai que les mœurs maintiennent contre les lois, sur plus d'un point, des distinctions anti-égalitaires, on peut convenir avec Cournot que ce sont là, dans le « pêle-mêle démocratique », des « sénilités inoffensives ».

Mais n'est-il pas d'autres phénomènes sociaux, singulièrement plus vivants que les classes, et reposant, non plus sur quelques conventions d'ailleurs ébranlées, mais sur tout un système d'institutions solidement assises, orientées dans un même sens, et qui iraient directement, à l'encontre de l'une au moins des idées que nous avons, définies ?

L'idée de la valeur de l'humanité en général nous a paru être, en même temps que l'idée de la valeur propre à la personne, une des pierres angulaires de l'égalitarisme. Or, s'il est vrai que, dans la civilisation, occidentale, les classes ne semblent plus assez fortement constituées pour tenir tête à l'esprit individualiste, les nations ne le sont-elles pas assez, pour faire tort à l'esprit humanitaire ? Demandons-nous donc si, entre l'idée de la nationalité, et celle de l'humanité, l'opposition est irréductible et si

---

1 V. SPENCER, Principes de sociologie, vol. III 4e part., chap. XII. Cf. TARDE, Les Lois de l'Imitation, p. 402-412 (F. Alcan)

Célestin Bouglé

par suite la Révolution, – dont, le principe des nationalités découle en même temps que celui de l'égalité des hommes, – a enfanté des frères ennemis.

En fait, les institutions que nous avons comparées pour, deviner l'état d'esprit qu'elles supposaient, étaient bien, quoique orientées dans un même sens, des institutions particulières, faites pour des sociétés séparées. Plantées sur un territoire limité, elles n'abritent, qu'un nombre d'hommes déterminé. L'idée qu'on trouve directement à leur racine est celle de l'égalité des nationaux, non celle de l'égalité des hommes.

Toutefois demandons-nous s'il n'y a pas, entre ces deux idées, une parenté nécessaire. La première, seule s'exprime directement par les institutions, soit : mais ne suppose-t-elle pas logiquement la seconde ? Ce n'est pas par accident que la *Déclaration des Droits de l'Homme* précède la *Déclaration des Droits du Citoyen*. L'idée que les Français invoquent pour exiger telle réforme égalitaire n'est pas l'idée que seuls au monde les Français sont égaux entre eux, tandis que les Américains ou les Allemands seraient inégaux, c'est l'idée plus générale qu'un homme vaut un homme. Et qu'on ne croie pas que seul le « rationalisme français » était capable de remonter à ces notions universelles, M. Janet a justement remarqué [1] que la *Déclaration d'indépendance* des Américains et surtout les *Déclarations des Droits* de leurs États contenaient de nombreuses maximes de Droit naturel. Toute réforme nationale délibérée est la mise en œuvre d'un syllogisme pratique, dont la majeure, exprimée ou sous-entendue, contient des propositions qui touchent à l'humanité [2].

On demandera si du moins, entre ce principe général de l'égalitarisme et les moyens spéciaux qu'on emploie pour le réaliser, il n'y a pas quelque contradiction. Vous partez de la déclaration que tous les hommes sont égaux et vous aboutissez à des décrets qui ne conviennent qu'à une partie des hommes : vous tracez donc des cercles juridiques, civils, politiques, économiques, où vous englobez les uns et dont vous excluez les autres.

Mais lorsque nous organisons une association, conformément à certains principes universels, à l'aide des moyens particuliers

1 Dans l'Introduction de la 3e édition de son *Histoire de la science politique*.
2 Cf. M. BOUTMY, *Études de Droit constitutionnel*, 2e éd., p. 284.

Première partie

que, nous trouvons à notre disposition, en un cercle limité, nous ne nions nullement les droits du reste des hommes à organiser, conformément aux mêmes principes, des associations en d'autres cercles. Autre chose est ne pas établir de rapports juridiques avec eux, autre chose établir de tels rapports sur un pied d'inégalité. On sait d'ailleurs qu'en fait, lorsque des individus étrangers l'un à l'autre entrent en relation, ils ne se trouvent plus désormais, en face l'un de l'autre, dépourvus de droits. Des conventions de plus en plus nombreuses se nouent, un droit international privé se constitue à côté du droit international public, prouvant que, malgré tout ce qui sépare les nations modernes, elles reconnaissent aux hommes en tant qu'hommes une valeur propre.

Et sans doute ces tendances humanitaires, comme les tendances individualistes, sont encore loin de passer toujours et partout à l'acte. Il n'est que trop aisé de mesurer l'abîme qui sépare la réalité de l'idéal démocratique. Il n'en reste pas moins que si l'on compare, pour juger du chemin parcouru, l'état actuel de nos institutions, non pas à leur état rêvé, mais à leur état passé, le sens de leur marche est indubitable : l'idée de l'égalité et la mesure de leur progrès comme de leurs retards. Pierre Leroux a bien montré comment, au milieu même des inégalités pratiques qu'il dénonce, les principes égalitaires se manifestent [1].

Ils sont dès à présent assez engagés dans les institutions publiques pour qu'on puisse les dire portés, non pas seulement par quelques individus, mais par la masse des peuples mêmes ; l'idée de l'égalité telle que nous l'avons définie, postulant la valeur de l'individualité en même temps que celle de l'humanité, demandant par suite qu'on tienne compte des différences en même temps que des ressemblances des hommes, peut être à bon droit regardée, dans nos sociétés occidentales, comme une idée sociale réelle.

*

* *

Mais ne la rencontrerait-on pas, au même titre, dans toutes les sociétés ?

Ne nous attardons pas à réfuter une supposition qui nie l'évidence. Si le droit moderne est avide d'égalité, le caractère de

---

1 V. PIERRE LEROUX, *De l'Égalité, 1848*, 1re partie.

Célestin Bouglé

l'ancien droit est qu'il « vit de distinctions » [1]. L'ancien régime était assis sur ces « lois particulières » qu'ébranle le nouveau. Nous avons nous-mêmes rappelé, en cherchant l'esprit des institutions démocratiques, qu'elles sont des conquêtes toutes fraîches, et que, sur bien des points, il est loin d'avoir gagné tout le terrain auquel il prétend. Il suffit de rapprocher un instant l'ordre social moderne du féodal, par exemple, pour faire jaillir cette vérité, que le succès de l'égalitarisme est chose nouvelle sous le soleil.

Rien n'y serait plus vieux au contraire, suivant certaines théories : l'idée de l'égalité ne serait sans doute pas universelle, mais elle serait primitive. L'anthropologie, apportant – une confirmation inattendue des visions de Rousseau, nous prouverait « scientifiquement » qu'il suffit de remonter aux origines des sociétés humaines pour reconnaître, dans toute sa pureté, l'égalitarisme. Sautons par-dessus les monarchies, grandes et petites, qui ont étouffé de plus en plus la liberté primitive et brisé le ressort de la dignité [2] : nous nous retrouvons, chez les Fuégiens ou les Iroquois, face à face avec le sentiment de l'indépendance individuelle et de l'égalité sociale. Dès lors le républicanisme de nos âges n'est plus qu'un « républicanisme de retour ». L'histoire est un serpent qui se mord la queue. L'égalité est au départ comme à l'arrivée. – Thèse qui ruinerait la nôtre par avance : comment chercher encore un rapport entre les formes sociales et l'égalitarisme s'il est préalablement démontré que les sociétés les plus différentes de toutes – comme ces hordes primitives et nos États modernes – sont précisément, les unes comme les autres, égalitaires ?

Cette « sociologie sérieuse » a pour elle de flatter plusieurs de nos goûts, tant intellectuels que sentimentaux. En nous présentant l'égalitarisme comme préhistorique, elle nous permet de penser qu'il est essentiellement naturel à l'homme, – d'attribuer à notre idéal une sorte de réalité vague à souhait, – de donner un air scientifique à nos préférences, – et enfin de satisfaire à ce vœu de symétrie qui nous pousse à voir partout, tant dans le champ du droit que dans celui de l'économie politique, des reviviscences, des *ricorsi*, des rééditions de l'histoire.

---

1 POLLOCK, *Introduction à l'élude de la Science politique*, p. 321.
2 V. LÉTOURNÉAU, *L'Évolution politique chez les diverses races humaines*, p. 66, 71, 249

On commence heureusement à se mettre en garde contre ces façons de faire parler les faits. On s'aperçoit qu'aucune prétendue « loi d'évolution » ne force les sociétés à repasser sur leurs anciennes empreintes [1], et que, suivant toutes les « lois de causation », il faut au contraire, pour qu'un phénomène social ressuscite, que le mouvement de l'histoire ait préalablement ramené la combinaison de conditions propre à le susciter. Quant aux faits qu'on allègue, et qui se manifesteraient identiques dans les milieux précisément les plus différents, il suffit de les examiner un à un pour reconnaître que cette identité n'est que superficielle, ou même apparente : au fond, rien n'est plus différent du troc primitif que le *clearing-house* des banques d'Angleterre, du communisme archaïque, que le collectivisme à la moderne [2]. D'un autre côté, les ethnologistes eux-mêmes dénoncent enfin ce procédé qui consiste à mettre à profit l'obscurité dont les institutions des sociétés primitives restent fatalement entourées pour leur faire prouver ce que l'on veut. « Chez ces peuplades errantes et inorganisées, nous dit Post [3] (les Fuégiens ou les Veddahs, par exemple), un savant préoccupé d'une théorie pourra découvrir aussi bien la promiscuité que la monogamie, la propriété privée, que la propriété collective » – ajoutons l'inégalité que l'égalité. – « En réalité, on n'y trouve rien du tout de cela, mais l'absence même de toute organisation rend possible une infinité de combinaisons qui n'arrivent même pas toujours à se consolider en formes sociales, et auxquelles, en tout cas, il faut se garder d'appliquer nos concepts modernes. Il est hors de doute que la coexistence d'un certain homme avec une certaine femme chez ces peuples primitifs n'a rien de commun avec le mariage monogamique de l'Europe moderne. »

Ainsi, ajouterons-nous, leur prétendu égalitarisme, qui n'est que l'absence même de lois reconnues, de fonctions définies, de propriétés fixées, de gouvernement stable, n'a pas de commune mesure avec le nôtre.

Là où une organisation proprement dite commence à se dessiner, on n'aperçoit pas toujours, sans doute, cette subordination

1 V. TARDE, *L'opposition universelle*, chap. VII. (F. Alcan).
2 V. DEMOOR, MASSART et VANDERVELDE, L'Évolution régressive, livre II, 2e partie. (F. Alcan).
3 *Ethnologische Jurisprudenz*, I, p. 467.

Célestin Bouglé

déclarée de certaines classes à certaines autres, qui manifeste le règne de l'inégalité. Il ne s'est pas trouvé partout d'individu tout puissant ou de race conquérante, pour réduire la masse du peuple à un état légalement inférieur. Suivant Post [1], cette organisation « seigneuriale », serait postérieure (autant qu'on peut donner des rangs d'apparition aux différentes formes sociales), à l'organisation « familiale » et à l'organisation « communale », dans lesquelles les us et coutumes ne supposeraient pas encore l'établissement de distinctions de classes.

Mais qui oserait soutenir que les institutions familiales ou communales révèlent la présence de l'idée de l'égalité telle que nous l'avons définie ?

Ne sait-on pas que d'abord, autant qu'on peut comprendre l'esprit qui les anime, les familles primitives ne paraissent pas concevoir l'idée qu'aucun droit puisse exister pour l'étranger, pour le sans-famille, – pour l'homme en tant qu'homme ? D'autre part, est-il même permis d'affirmer qu'elles reconnaissent des droits propres à leurs membres, comme à des personnes distinctes du groupe, – c'est-à-dire à l'individu en tant qu'individu ? Les groupements primitifs sont des touts aussi compacts que fermés, où il ne semble y avoir place ni pour l'humanité, ni pour l'individualité. L'individu n'a d'existence légale que comme partie du groupe. Seuls les rapports des groupes sont réglés ; à quel titre parler ici de l'égalité civile, juridique, économique, politique des personnes ? Une faute est-elle commise par un de ses membres ? C'est le groupe tout entier qui paie : l'on sait avec quelle lenteur la responsabilité individuelle se dégagera de la responsabilité collective. – Mais du moins, dira-t-on, il n'y a pas encore de riches et de pauvres ? – C'est qu'il a y a pas encore d'individus possesseurs ; le groupe seul possède. L'histoire de la propriété est l'histoire des longs efforts de l'individu pour posséder enfin en propre. – Mais le gouvernement n'est pas réservé à une classe ; les décisions qui intéressent le peuple sont prises directement par l'assemblée du peuple. – Remarquons que là où de pareilles assemblées se rencontrent en effet, elles n'ont nullement la signification de nos assemblées électorales. On n'y trouve point l'usage de compter les voix pour déterminer la majorité : preuve qu'il n'est pas juste de dire que dans ces réunions « chacun compte

---

1 *Op. cit.*, I, p. 355 sqq.

pour un et ne compte que pour un ». – Mais enfin, dans les sociétés très primitives, les fonctions nécessaires à l'existence commune ne sont pas encore réservées à une certaine classe ? – C'est que les fonctions n'y sont pas encore différenciées, et que tout le monde remplit à peu près les mêmes ; au moment où elles se différencient, on les voit le plus communément devenir la propriété de castes. – En un mot s'il est possible de définir dès maintenant le trait auquel on reconnaîtra qu'une société est primitive, ce sera justement l'absence de cette idée de la valeur propre à l'individu qui nous a paru si nécessaire à la constitution de l'égalitarisme. C'est là un des résultats sur lesquels les sociologues de différentes écoles semblent près de s'accorder [1] : l'esprit des sociétés primitives pourra être, si l'on veut, appelé « communiste » ; on y pense par groupes, familles ou tribus, non par personne. Comme le dit Marx, le cordon ombilical qui relie l'individu au groupe n'est pas encore coupé.

C'est donc antidater abusivement une conception des modernes que de prêter aux primitifs les idées égalitaires.

*

* *

Mais, refuser de connaître l'égalitarisme au point de départ des sociétés, ce n'est nullement affirmer – nous ne l'oublions pas – qu'il ne peut apparaître qu'aux dernières étapes de leur évolution.

Encore une fois c'est égarer la sociologie que de la lancer dès à présent à la recherche de prétendues lois d'évolution, suivant lesquelles tous les moments de la vie des sociétés, faussement assimilées à des organismes, seraient prédéterminés dans leur germe. Avant de fixer, s'il y a lieu, l'ordre de succession de leurs formes, nous voulons d'abord observer en fonction de quelles conditions ces formes varient. Rien d'étonnant, pour qui prend cette attitude, à ce que des idées sociales analogues se révèlent à des périodes différentes de l'histoire. Par exemple, si au lieu de remonter jusqu'à des origines inaccessibles, nous cherchons plus près de nous, l'espoir de rencontrer l'idée de l'égalité ne nous est pas interdit *a priori*. La période qui précède immédiatement l'ère moderne – celle de la féodalité – suppose un esprit tout contraire

1 Voir, outre les ouvrages classiques de F. de COULANGES et de S. MAINE : DURKHEIM, La Division du travail social (F. Alcan) ; TÖNNIES, *Gemeinschaft und Gesellschaft* ; SIMMEL, *Über sociale Differenzierung*.

Célestin Bouglé

au nôtre ; mais, pour la période antérieure à celle-ci, en est-il de même ? Cet égalitarisme que nous ne trouvons ni dans la préhistoire ni au moyen âge, ne se rencontre-t-il pas dans un temps trop dédaigné des ethnographes : l'antiquité classique ?

On sait, sans doute, combien il est dangereux d'interpréter les institutions des démocraties anciennes parles idées familières aux démocraties nouvelles. Entre leurs types sociaux il y a plus d'analogies superficielles que d'analogies profondes, tant les grands États de l'Europe moderne diffèrent des petites cités antiques. On nous dit : « Sur la surface entière du globe étendez la cité grecque et vous avez l'humanité » [1]. Mais d'abord l'extension n'est pas ici de médiocre importance, et, comme elle a produit les conséquences les plus profondes, elle ne s'est pas produite sans les causes les plus puissantes. Comment, du sentiment que quelques hommes avec lesquels on vit sont égaux, en est-on venu à l'idée que tous les hommes, en principe, ont les mêmes droits, voilà le pas qui importe.

La cité antique, tant qu'elle restait fidèle à ses principes traditionnels, ne pouvait le franchir. On sait assez, par sa façon de traiter l'étranger, que l'isolement est sa loi : c'est, par essence, une église fermée. D'ailleurs, à l'intérieur même de cette église, est-il vrai que nous rencontrons notre idée des droits propres à l'individu ? L'analyse des institutions civiles et juridiques, politiques et économiques des républiques anciennes a fait la preuve que la personne humaine y comptait pour bien peu de chose [2].

Et l'histoire des doctrines a confirmé sur ce point l'histoire des institutions. « La valeur de la détermination qui résulte d'une conviction personnelle, comme l'idée des droits et des devoirs de l'homme en général ne sont, suivant Zeller [3], des principes généralement reconnus que dans la période de transition qui coïncide avec la disparition de l'ancien point de vue grec. » La fameuse distinction de la « liberté à l'antique » et de la « liberté à la moderne » [4] repose sur cette observation que le véritable prix de l'individu était inconnu à la cité antique. Ses principes constitutifs

1 DENIS, *Histoire des théories et des idées morales dans l'antiquité* 2ᵉ édit., II, p. 420.
2 V. F. DE COULANGES, *La cité antique.*
3 *La Philosophie des Grecs,* trad. Boutroux, I, p. 130.
4 V. B. CONSTANT, Cours de politique constitutionnelle, II, p. 539-560.

contredisaient doublement les principes égalitaires. « La cité, conclut Fustel [1], était la seule force vive ; rien au-dessus, rien au-dessous » : – ni humanité, ni individualité.

Mais l'évolution des États ainsi constitués devait justement se terminer par la mise en valeur de l'une et de l'autre de ces deux idées. Ni l'une ni l'autre n'avaient trouvé place dans les fondements de la cité antique : elles nous apparaîtront au moins un instant, debout sur ses ruines. La philosophie du Ve siècle diffère de celle du IVe, la morale stoïcienne et chrétienne de la morale platonicienne et aristotélicienne tant par le cosmopolitisme que par l'individualisme. Et ce n'est pas seulement dans les théories que cette nouveauté des idées se manifeste, c'est dans les institutions mêmes.

On sait toute la distance qui sépare l'ancien Droit romain du Droit nouveau, élargi par les édits des préteurs. Le Droit quiritaire admettait, entre les classes d'hommes comme entre les espèces de propriétés, une foule de distinctions : distinction des *agnats* et des *cognats*, distinction des *res mancipi* et des *nec mancipi*, toutes s'effacent peu à peu devant le *jus gentium*, qui ne retient que l'élément commun des diverses coutumes locales. Les plébéiens ont conquis les droits politiques et même religieux que les patriciens se réservaient : l'étranger les conquiert à son tour. La cité romaine s'étend à l'humanité ; les règles universelles prévalent sur les usages particuliers ; le « Droit naturel » s'élabore [2].

Sans doute les manifestations de ces idées nouvelles sont bien timides, et si l'on peut dire, bien platoniques encore. Il n'est que trop aisé de le prouver, l'Empire romain vit d'inégalités de toutes sortes, économiques, politiques, même civiles et juridiques. L'esclavage n'y subsiste-t-il pas ? S'il est vrai d'ailleurs que les lois de l'Empire effacent la distinction entre le *civis* et le *peregrinus*, ne tracent-elles pas une distinction nouvelle entre l'*honestior* et l'*humilior* ? Au premier, elles réservent des honneurs interdits au second, et au second des peines inapplicables au premier [3]. – Et enfin, là même où les lois décrètent l'égalité, croit-on que les

1 *Op. cit.*, p. 415.

2 V. S. MAINE, *L'Ancien Droit*, chapitre II.
3 V. DURUY, *Mémoires de l'Académie des Inscriptions el Belles Lettres*, tome XXIX, p. 250-260.

Célestin Bouglé

mœurs l'acceptent facilement ? Voyez avec quel mépris orateurs et poètes [1] traitent les nouveaux venus de la cité romaine, tant la plèbe indigène « misérable et affamée » que les races étrangères « barbares et sauvages ». Le peuple lui-même méprise les citoyens de fraîche date, si différents du vieux quirite. « On ne veut pas de fils de l'Égypte parmi les conjurés » dit une inscription de Pompéi [2]. Des mesures libérales comme celle de Caracalla ne doivent donc pas faire illusion ; il ne pouvait opérer par décret un nivellement général ; mille habitudes sociales, installées par les siècles au plus profond de l'esprit romain, juraient avec les idées égalitaires.

Il n'en reste pas moins que ces idées sont dès lors déclarées, proclamées, livrées au commentaire du monde. Le Droit nouveau est un Droit à principes philosophiques ; les auteurs des Pandectes, en juristes stoïciens, prétendent conformer les lois aux exigences de la Raison ; pour l'éducation de l'humanité ils inscrivent les maximes égalitaires au fronton du temple. – Et si l'on exagère lorsqu'on représente, à la fin de l'Empire romain, tout le peuple pénétré des idées nouvelles, on ne se tromperait pas moins en croyant qu'elles demeuraient cachées dans le cerveau des quelques juristes isolés. Ils sont nombreux et de toutes conditions les Romains qui philosophent et demandent à la philosophie des maximes de conduite. On sait que les Stoïciens régnèrent en même temps que les Empereurs, et avec assez d'éclat pour émouvoir l'opinion. Épictète, dit Origène, était dans toutes les mains. Une école qui réunissait un esclave comme Épictète, ami d'Adrien, un chevalier comme Musonius Rufus, un consulaire comme Sénèque, un empereur comme Marc Aurèle ne pouvait manquer d'exercer, tant par l'exemple que par la doctrine, une large influence égalitaire [3].

De fait, tandis qu'un Aristote, cédant sans doute à la pression de son temps, n'ose assimiler les esclaves aux hommes, ce n'est pas une voix, mais vingt voix qui s'élèvent, sous l'Empire, pour demander que les esclaves soient enfin traités comme des hommes. Si la loi hésite à les affranchir, les classes supérieures se flattent de les relever, et les classes populaires de les soutenir [4]. Christianisme et Stoïcisme

1 Cicéron, Horace, Lucien, *cités* par DURUY, *Mém. cit.* p. 256.
2 FRIEDLANDER, *Darstellungen aus der Sittengeschichte Roms*, 5e éd., I, p. 199.
3 V. FRIEDLANDER, Darstellungen, III, p. 674, 676.
4 V. DENIS, *op. cit.* II, p. 90, 93. – Cf. HAVET, *Le Christianisme et ses origines*, II, chap. XIV.

conspirent pour l'élargissement des sociétés et l'émancipation des individus. En un mot, malgré toutes les survivances de l'esprit de la cité antique, à la fin de l'Empire romain, l'étranger a forcé les portes du droit, l'esclave va les forcer à son tour. L'idée se fait jour qu'il existe une humanité, dont chaque membre a sa valeur propre : ce sont bien nos théories égalitaires qui brillent déjà dans le crépuscule de l'antiquité.

Ce ne devait être qu'un éclair. L'heure n'était pas encore sonnée où les sociétés devaient s'organiser durablement au nom de ces principes. L'Empire romain, qui avait pu les révéler au monde, n'avait plus la force nécessaire pour les réaliser dans les masses, sans doute trop nombreuses et trop hétérogènes, qu'il avait rassemblées sous sa loi. Des principes tout contraires dominent le chaos qui suit l'écroulement de l'antiquité, jusqu'au jour où les modernes, reprenant à leur compte les idées anciennes, reconstruisent, sur nouveaux plans, des démocraties.

Il n'en reste pas moins qu'avant de descendre à l'origine de nos sociétés modernes les idées égalitaires se sont montrées à la fin des sociétés antiques, et qu'en ce sens encore la civilisation gréco-romaine est bien la mère de la civilisation européenne.

*

* *

En résumé, l'idée de l'égalité des hommes, telle que nous l'avions définie, ne nous a pas semblé se manifester partout : suivant sa trace à travers les doctrines et les institutions, nous l'avons rencontrée, non pas à l'origine des sociétés, là où n'existe à vrai dire aucune civilisation, mais seulement à l'intérieur de cette civilisation qu'on appelle occidentale.

Et là elle s'est montrée à deux reprises, séparées d'ailleurs par une longue éclipse : nous l'apercevons une première fois, comme s'éveillant à peine, dans le monde gréco-romain, – une seconde fois, plus vivante et vraiment agissante, dans le monde moderne occidental.

Pourquoi est-elle apparue là, et non ailleurs ? tel est notre problème.

Célestin Bouglé

Chapitre III
Les explications anthropologique,
idéologique, sociologique

Expliquer un phénomène n'est pas seulement constater qu'il a été le plus souvent, ou même toujours, précédé de tel autre. Je n'ai pas encore expliqué la décoloration des tissus si j'ai découvert que, toutes les fois qu'on a trempé des tissus dans le chlore, ils ont été décolorés. Mais si j'ai rappelé que les matières colorantes sont essentiellement composées de bases, et que d'autre part le chlore a pour toutes les bases une très grande affinité, alors et alors seulement, ayant décomposé le phénomène et énuméré les intermédiaires qui relient l'antécédent au conséquent, j'aurai prouvé que leur relation constante est un effet d'une loi plus générale, je l'aurai expliquée.

En attendant cette « réduction », toutes les relations constantes que j'aurai pu établir ne sont encore que des coïncidences. Et sans doute, plus elles se rencontrent fréquemment, plus sont diverses les circonstances où elles se rencontrent, et plus aussi il y a de chances pour qu'elles cachent des rapports nécessaires, toutefois, tant qu'elles ne sont pas déduites de lois plus générales, ce sont des lois en instance plutôt que des lois reçues : les lois empiriques sont toujours sujettes à caution, par cela même qu'elles manquent d'explication. Au contraire, quand bien même une relation entre deux phénomènes ne m'aurait été révélée que par des cas peu nombreux, peu variés, ou même par un cas unique, si j'ai pu la déduire d'une loi plus générale, elle appartient à la science.

Que les phénomènes à expliquer soient chimiques ou, sociaux, ces principes conservent leur valeur. Les différents objets se prêtent plus ou moins docilement aux exigences du sujet, mais ses exigences restent identiques, et sa satisfaction est au même prix.

*

* *

Ces principes rappelés, comment l'étude des formes sociales peut-elle contribuer à l'explication du phénomène que nous venons de constater : le succès des idées égalitaires ?

N'est-il donc pas, dira-t-on, pleinement expliqué déjà par des phénomènes autres que les phénomènes sociaux ? Que des facteurs tout physiques, comme certaines dispositions de races, héritées de père en fils, ou des facteurs tout physiques, comme certaines idées d'individus de génie, transmises d'âme en âme, suffisent à rendre compte du fait que nous avons établi, et la sociologie n'a plus rien à faire avec le succès de l'égalitarisme. – Et certes, nous n'avons pas prétendu qu'elle dût nous en donner une explication, intégrale ; par conséquent, nous n'avons pas, pour présenter une explication sociologique du mouvement égalitaire, à exclure d'autres explications qui peuvent concourir avec elle. Mais encore faut-il que ces autres explications ne se présentent pas, de leur côté, comme suffisantes, « totales », exclusives par suite d'une explication sociologique même « partielle ». Force nous est donc de commencer par chercher si la seule vertu des races ou celle des idées explique pleinement l'expansion de l'égalitarisme, si l'Anthropologie ou l'Idéologie est capable de nous en donner la raison suffisante.

Nous rangeons la race parmi les facteurs physiques de l'histoire. Et en effet, il est impossible de fournir de la race une définition précise, et de lui assigner une action originale, – si on ne la tient pour un ensemble de qualités fondées dans le corps, comme telles relativement immuables et transmissibles héréditairement. Si l'on continue à donner aux « races » des qualificatifs qui ne conviennent qu'aux « civilisations », et à tenir pour l'apanage des races germaine où slave des institutions d'ailleurs variables, dont l'hérédité biologique ne saurait nullement expliquer la permanence ou les transformations, il est trop évident qu'on ne fait qu'emprunter un mot au vocabulaire naturaliste pour désigner des phénomènes sociaux. Ce mot cache nombre d'effets à expliquer ; il ne révèle aucune cause propre, il n'explique rien. Une explication proprement ethnologique du succès des idées égalitaires ne sera constituée que le jour où on aura prouvé qu'elles sont comme écrites dans certaines structures cérébrales : les variétés humaines qui posséderaient ces structures seraient déterminées à penser ces idées.

Que l'anthropologie soit hors d'état de faire cette preuve, on s'en rend trop aisément compte. Entre l'existence de l'égalitarisme et

Célestin Bouglé

celle de certaines dispositions anatomiques, elle ne pourra même pas noter de coïncidences précises. Dira-t-elle que la race latine ou la germaine portent « dans le sang » le sentiment de l'égalité, comme on a dit quelquefois que la première y portait l'amour de l'unité, et la seconde celui de la liberté ? Mais les institutions qui nous ont servi à mesurer le progrès de l'égalitarisme se rencontrent chez toutes les nations modernes occidentales, quelles que soient les races qui les composent. Et sans doute chacune de ces nations se fait du Droit une idée caractéristique [1]. Il n'en est pas moins vrai que ces idées se ressemblent par certains traits, dont l'ensemble constitue justement l'égalitarisme, et qui ne sauraient donc s'expliquer par les traits spécifiques des races. Dira-t-on que du moins l'égalitarisme ne se répand que chez les races blanches ou même aryennes, et que la civilisation gréco-romaine comme la civilisation européenne ne l'ont accepté que parce qu'elles étaient œuvres d'Aryens ? On distinguerait alors des races mâles, celles de l'Occident, prédestinées à la démocratie, et des races femelles, celles de l'Orient, prédestinées au despotisme [2]. Mais les peuples de l'Orient diffèrent de ceux de l'Occident par bien d'autres caractères que par la forme des corps ; ils en diffèrent, par exemple, par la forme des sociétés : dès lors, qui nous dit que, encadrés en des groupements analogues, leurs membres, différents de nous par le sang, n'auraient pas été capables de comprendre les idées égalitaires ? Admettons que, pour la comprendre, une certaine capacité cérébrale minima soit indispensable : on imagine mal qu'une société faite d'hommes à qui leur cerveau ne permet pas de distinguer le tien du mien ou de compter jusqu'à dix s'élève à l'égalitarisme. « Mais autre chose est accorder que pour l'adoption d'une idée, il faut à l'organisme humain un certain degré de perfection générale, autre chose prouver que certaines modifications spéciales de cet organisme déterminent les esprits à l'adoption de cette idée : l'anthropologie doit décidément renoncer à franchir ce pas.

Une juste réaction se manifeste à ce sujet chez les anthropologistes eux-mêmes : ils abandonnent les ambitions dangereuses de l'ancienne anthropologie, Ils s'aperçoivent enfin que la prétention

---

1 V. FOUILLÉE, *L'idée moderne du droit*, 1er chapitre.
2 V. HIROYUKI KATO. Der Kampf ums Recht des Stärkeren, p. 46.

est abusive qui veut trouver, dans une préformation anatomique, la cause d'actes sociologiquement définis, comme le vol ou le meurtre [1], *a fortiori* d'idées nées dans et pour la société, comme l'idée de l'égalité des hommes. Placez des cerveaux semblables dans des milieux différents : un même processus cérébral pourra servir à des fins différentes. Les aptitudes proposent et le milieu dispose. Il fait passer à l'acte ce qui n'était que puissance indéterminée. Une explication par les influences « mésologiques » sera donc, toutes choses égales d'ailleurs, plus déterminante qu'une explication par les influences « ataviques ». Elle aura en tout cas l'avantage de la clarté. Les causes proprement anthropologiques restent forcément insaisissables. Tout expliquer par la vertu des races, c'est tout expliquer par des facultés « innées » qu'on ne fait que supposer [2]. Et c'est pourquoi tout ce qu'on enlève à l'influence du « génie des races » pour l'attribuer à l'influence de circonstances précises est autant de gagné pour la science. Une transmission problématique de facultés d'ailleurs indéterminées et dont la genèse reste inconnue, voilà tout ce que l'anthropologie peut nous offrir pour l'explication du succès de l'égalitarisme ; n'est-il pas naturel que nous en cherchions autre part des raisons moins obscures et moins incertaines ?

Indépendamment de ces remarques générales, une circonstance vient affaiblir encore, s'il est possible, la thèse anthropologique. Plus que toutes les autres, nos sociétés démocratiques refusent de laisser expliquer leurs idées directrices par les caractères anatomiques d'une race, puisque, dans nos sociétés démocratiques, on ne trouve justement plus de vraies races au sens biographique du mot [3]. La pureté d'une race a-t-elle jamais été plus qu'un mythe ? Peut-être ; mais ce qu'il y a de sûr aujourd'hui, c'est que les races qui se croient les plus pures ont subi des mélanges innombrables, et que, de toutes les sociétés, celles où l'idée de l'égalité règne sont aussi celles où la « panmixie » est à son apogée. Est-ce dans la Rome impériale, au moment où toutes les races de l'antiquité se mêlaient, que vous irez chercher la preuve que l'idée de l'égalité résulte d'une disposition

---

1 Voir, dans les Bulletins de la Société d'anthropologie de 1890 et 1893, deux conférences de M. MANOUVRIER, l'une sur la Genèse normale du crime, l'autre sur les Aptitudes et les Actes.
2 V. LACOMBE, *De l'Histoire considérée comme science*, p. 326.
3 V. TOPINARD, *Éléments d'anthropologie générale*, p. 200-215.

Célestin Bouglé

anatomique particulière ? Est-ce dans nos nations modernes où chaque recherche met au jour des couches ethniques différentes? « Métisses, cent fois métisses », c'est ainsi que Gobineau [1] qualifie les sociétés européennes, et l'observation apporte chaque jour les preuves de cet universel croisement qu'un simple calcul pouvait faire prévoir.

À vrai dire, si la plupart des anciennes théories trébuchent sur ce fait incontestable, il en est d'autres qui le prennent pour leur pierre angulaire. Prouvant que le soi-disant progrès de la civilisation a pour résultat l'amalgame des races, Gobineau reconnaît qu'on fait fausse route si l'on cherche dans les qualités d'une race la cause du développement de l'esprit démocratique ; mais il regarde cet esprit comme résultant de cet amalgame lui-même. Entre « l'impureté croissante », qui efface les caractéristiques des races, et la démocratie, il y a un rapport de cause à effet : les idées égalitaires sont bien des idées de « raisonneurs métis ». – Les disciples de Gobineau iront plus loin. Retenant ce fait que les divisions de races sont loin de correspondre aux divisions de nations, et rejetant par suite la confusion de la race « historique » avec la race « biologique », ils se font forts de reconnaître les éléments anthropologiquement différents, jusque dans les sociétés où ils sont actuellement mêlés, et d'établir, en comparant par exemple les indices céphaliques aux situations sociales, aux caractères, aux idées mêmes, que ces différents phénomènes varient en fonction de caractères anatomiques. L'histoire est vraiment alors un « processus d'évolution biologique », et tous les mouvements des civilisations, leur progrès ou leur décadence s'expliquent par la prédominance des éléments « eugéniques » ou des éléments inférieurs, des dolichocéphales ou des brachycéphales. Le mouvement égalitaire n'échappe naturellement pas à ces explications. Il coïncide avec le moment où entrent, sur la scène politique, les masses brachycéphales, qui se distinguent par leur amour de l'uniformité. Un rêve de cerveaux trop courts, tel serait, à en croire l'anthropologie renouvelée [2], l'esprit égalitaire.

---

1 *Essai sur l'inégalité des races humaines*, 2e édit., I p. 219.
2 V. VACHER DE LAPOUGE, *Les Sélections sociales*, et AMMON, *Die Gesellschaftsordnung und ihre natürlichen Grandlagen*.
Nous avons résumé leurs théories sur ce point dans un article de la *Revue de Métaphysique et de Morale* du 15 mai 1897 : *Anthropologie et Démocratie*.

Première partie

Est-il besoin de dire que, malgré les nombreuses statistiques que manient MM. Ammon et Vacher de Lapouge, de pareilles propositions se dérobent à toute vérification ? La dolichocéphalie ne semble avoir garanti de la démocratie aucun peuple moderne. Pour être sensiblement plus dolichocéphale, l'Angleterre possède-t-elle rien, dans ses institutions, qui trahisse qu'elle répugne, plus que la France ou l'Amérique, à l'esprit que nous avons défini ? Bien plus, une des « lois » les plus intéressantes de nos auteurs ne se retourne-t-elle pas contre leur thèse ? Ils ont prouvé que les dolichocéphales se concentrent dans les villes ; mais si nous prouvons que les villes, comme elles sont des foyers de concentration pour les cerveaux dolichoïdes, sont aussi des foyers d'expansion pour les idées démocratiques, que deviendra le parallélisme établi entre l'égalitarisme et la brachycéphalie ? – D'ailleurs, quand bien même une pareille relation serait vérifiée, il faudrait se rendre compte de la distance qui séparerait encore, de cette constatation, une explication véritable. Comment et en vertu de quelles lois générales le fait d'avoir un cerveau brachycéphale entraîne-t-il la croyance à l'égalité des droits, voilà le secret que l'anthropologie devrait et ne peut nous livrer : la psychophysiologie n'en est pas encore là, – ou plutôt la phrénologie n'en est plus là.

La même incapacité explicative frappe la théorie de Gobineau. Tant qu'on ne nous aura pas montré comment le métissage impose aux cerveaux certains arrangements de molécules tels qu'ils produisent fatalement, en vertu de lois plus générales antérieurement connues, la combinaison d'idées qui aboutit a l'égalitarisme, l'égalitarisme ne saurait être légitimement tenu pour la conséquence du métissage. Et il est vrai que, plus que la théorie qui attribue la prépondérance des idées démocratiques à la prédominance des brachycéphales, celle qui l'attribue au seul mélange des races pourrait citer des coïncidences ; il nous sera possible de prouver [1]que là où les races sont mélangées, – là où par suite les diversités individuelles l'emportent sur les divisions collectives – l'idée de l'égalité, toutes choses égales d'ailleurs, se montre plus aisément. Mais comment ce fait appelle cette idée, est-ce l'anthropologie qui nous le dira ? Est-ce parce que les individus ont des cerveaux de métis qu'ils sont prédisposés, anatomiquement, à l'égalitarisme? Ou bien est-

---

1 V. Plus bas, 2ᵉ partie, chapitre II.

Célestin Bouglé

ce parce que les sociétés où ils se rencontrent sont composées d'éléments individuellement hétérogènes que l'idée de l'égalité s'impose plus facilement à l'opinion publique ? Son succès résulterait alors du rapport qui unit les individus, non de leur structure cérébrale, c'est-à-dire d'un phénomène social, non d'un phénomène biologique. Et ce serait à la sociologie qu'il faudrait demander l'explication de la relation constatée entre la panmixie et la démocratie.

On voit que l'anthropologie est loin de soustraire notre problème à la sociologie en le résolvant par avance. Déjà il lui est difficile de montrer entre telle forme anatomique et le mouvement égalitaire, une relation constante ; *a fortiori* d'expliquer comment l'un peut produire l'autre. Nous en avons assez dit pour prouver que la race reste, jusqu'à nouvel ordre, une force occulte à laquelle il ne faut faire appel qu'en désespoir de cause ; mesures et statistiques ne doivent pas nous faire illusion : l'explication anthropologique n'est et ne sera pas longtemps, sinon toujours, qu'un pis-aller.

*

* *

L'explication idéologique semblera plus solide. Elle se présente à l'esprit comme la plus naturelle et la plus simple. Vous demandez pourquoi l'opinion publique devient égalitaire ? c'est que des « héros » lui ont imposé leur opinion personnelle. Les idées acceptées par les masses sont les idées inventées par les hommes de génie. Toute idée sociale est fille d'une réflexion individuelle. « Un philosophe a le premier émis cette « absurdité » que l'esclave était un homme au même titre que son maître » [1]. Si l'égalitarisme est apparu d'abord dans les sociétés gréco-romaines, puis dans nos sociétés modernes, c'est qu'il s'est rencontré, ici et là, des penseurs pour l'inventer ou le retrouver ; ses créateurs, ce sont les philosophes stoïciens, les prophètes chrétiens ; plus tard, c'est Descartes, c'est Rousseau, c'est Kant. Analysez l'esprit de la Révolution : vous trouvez au fond de votre creuset l'esprit cartésien, l'esprit classique, l'esprit chrétien [2], c'est-à-dire des systèmes de pensées découverts

---

1 BRUNSCHWICG, *Spiritualisme et sens commun*, dans la *Revue de Métaphysique*, 1897, p. 532.

2 V. H. MICHEL, *L'Idée de l'État*. Introduction, p. 64-73. Cf. A. SOREL, *L'Europe et la Révolution*, I, p. 147.

Première partie

ou des façons de penser instituées par des hommes supérieurs. « Tout sort des doctrines », et les doctrines elles-mêmes des âmes d'élite.

Théorie séduisante : des raisons d'ordre pratique nous poussent, que nous nous en doutions ou non, à l'accepter. Quelle que soit leur nature dernière, nos idées nous paraissent être, de tous les phénomènes, les plus capables d'être modifiés, et de modifier tout le reste ; c'est sur la force et par la force des idées que nous croyons pouvoir le plus facilement agir, et cette croyance même facilite sans doute notre action. Nous nous réjouissons donc de présenter le succès social de l'égalitarisme comme une preuve de l'admirable puissance d'expansion des théories. On l'a justement remarqué : « L'idée de liberté est le grand ressort de l'Histoire des doctrines politiques [1]. » En affirmant « que les idées élaborées par la conscience et la raison de l'homme peuvent influer sur les faits et en déterminer le cours, l'historien affirme implicitement sa croyance aux effets de la liberté ».

Dès lors, n'est-il pas vraisemblable que le désir affirmer cette croyance soit pour quelque chose dans la facilité avec laquelle nous admettons, d'une manière générale, la maîtrise des systèmes sur les faits ? D'ailleurs, dans le cas qui nous occuper, les amis comme les adversaires de l'égalitarisme pensent trouver intérêt à le représenter comme né des systèmes. Les uns l'en jugent plus méprisable, la dénonçant comme un concept *a priori*, rêve de philosophe, « chimère de Rousseau » ; les autres, plus admirable, rappelant qu'il est le résultat précieux des longs efforts spéculatifs des plus hauts représentants de l'humanité [2]. – Ainsi la thèse idéologique satisfait dès l'abord à des préférences diverses.

Mais il faut bien dire qu'à notre goût scientifique elle offre, si elle prétend se suffire à elle-même et se passer du secours de la sociologie, peu d'aliment. Nous renvoyer tout uniment, pour nous rendre compte de l'expansion d'une idée sociale, à une invention de génie, c'est nous renvoyer au mystère. Avec de pareilles « révélations » on peut bien faire une histoire, non une science. Pourquoi tel grand homme élabore-t-il telle invention, voilà ce qu'il faudrait expliquer ;

---

1 H. MICHEL, *Leçon d'ouverture d'un cours d'histoire des Doctrines dolitiques*, dans la *Revue Bleue* du 19 décembre 1896.
2 V. H. MICHEL *L'Idée de l'État*, p. 73.

Célestin Bouglé

et l'un des moyens de l'expliquer est justement de définir l'action qu'a pu exercer sur lui la société qui l'entoure. On sait que, suivant la nature des inventions qui font l'homme grand, cette action sera plus ou moins facile à saisir. Elle sera plus sensible par exemple dans une découverte scientifique que dans une création esthétique, dans une application industrielle que dans une découverte scientifique [1]. Mais n'y a-t-il pas les plus grandes chances pour que sa part contributive soit au maximum dans la construction de théories comme les théories égalitaires, qui visent l'organisation de la société même ? N'allons pas jusqu'à ces affirmations mystiques : « C'est la société qui pense dans l'individu. » Seul l'individu pense, seules les consciences particulières ont l'unité, condition de ces synthèses qui sont les idées. Il n'en est pas moins vrai qu'on peut chercher, dans les rapports mêmes de ces consciences, la raison, ou du moins l'une des raisons des idées qu'elles forment. En ce sens, comme le dit Spencer, avant que le grand homme réforme la société, elle le forme. Ce ne sont pas seulement les idées sociales antérieures, ce sont les faits sociaux présents qui s'imposent à sa méditation. Dira-t-on qu'il est indifférent que Rousseau ait vécu dans la société de notre XVIIIe siècle, et que, né en Inde au même moment, ou en France sous les Mérovingiens, les mêmes idées lui seraient venues ? Quant à la philosophie des stoïciens, qui devait pénétrer le Droit romain renouvelé, l'imagine-t-on ailleurs qu'à la fin du monde antique ? Pourquoi, demande un historienne théories morales [2], chercher à toute force dans les idées des stoïciens un écho des idées chrétiennes, alors qu'on y peut voir un reflet de l'état social de l'Empire ?

Admettons que la méditation consciente transfigure et « dénature » les matériaux qui lui sont apportés par le milieu : il n'en est pas moins vrai que, en poussant aussi loin que possible l'explication sociologique de ses inventions mêmes et en montrant, par exemple, comment certaines conditions sociales devaient, suivant les lois générales de la formation des idées, amener les esprits des philosophes jusqu'à l'égalitarisme, nous gagnons sur l'inconnu ; et que par suite, toutes circonstances égales, notre hypothèse, offrant un essai d'explication là où l'autre n'offre que

---

1 V. BARTH, *Philosophie der Geschichte als Sociologie*, p. 219-225
2 DENIS, *loc. cit.*

l'adoration d'un mystère, devait être préférée.

Souvenons-nous d'ailleurs que ce qu'elle veut dire directement expliquer, ce n'est pas l'invention des théories, égalitaires par tels individus, mais leur adoption par telles sociétés. Les questions sont distinctes ; quand bien même on aurait, en dehors de toute considération sociologique, montré comment une certaine idée est apparue dans une conscience individuelle, il resterait à montrer comment elle s'est imposée à la conscience publique.

On dira : du moment où vous accordez, comme expliquée, l'apparition d'une idée dans une conscience, le reste va de soi, la science l'explique aisément. Si la production des choses est un hasard et comme un miracle, leur reproduction est la chose la plus commune. L'expansion de l'idée de l'égalité n'est qu'un cas particulier des « lois de l'imitation » [1] : comme de corps en corps les microbes invisibles, elle passe de conscience en conscience et fait ainsi le tour des sociétés.

Est-il vrai que cette théorie de l'imitation « ouvre toutes les serrures » ? – Certes elle rend compte de bien des similitudes, mais n'en suppose-t-elle pas d'abord ? On n'est pas seulement semblable dans la mesure où l'on s'imite : il est vrai aussi qu'on s'imite dans la mesure où l'on est semblable. S'agit-il surtout de la transmission d'un système d'idées, supposez deux esprits idéalement différents que peut l'un sur l'autre ? Déportez Rousseau chez les Fuégiens ou les Hottentots, et laissez-le déclamer : ses théories inspireront-elles à leurs hordes une « Déclaration des Droits de l'homme? » Entre l'initiateur et les initiés une communauté préalable d'aspirations est nécessaire pour que la conversion de ceux-ci – par celui-là soit autre chose qu'un miracle.

Bien loin d'expliquer tout à elle seule, l'imitation demande elle-même, dans les différents cas où elle agit, des explications spéciales. Elle suppose chez les êtres qui imitent un désir en même temps qu'une capacité d'imiter dont il faut à chaque fois rendre compte.

Dans bien des cas, l'homme imite parce que, en vertu de la constitution même de ses organes, il est un animal naturellement imitateur : il est vraisemblable que, pour bien des traits extérieurs, c'est inconsciemment et comme mécaniquement que nous les

---

1 C'est la théorie à laquelle M. TARDE a attaché son nom.

Célestin Bouglé

imitons. Mais si nous adoptons certaines théories générales ou repoussons certaines autres, cela ne s'explique pas seulement parce que nous avons une tendance à imiter ; notre adhésion ou notre répugnance veut des raisons autres que le pur instinct d'imitation : il est possible que l'étude des formes de la société même où nous vivons nous les révèle.

Et sans doute une de ces raisons peut être l'homogénéité même des éléments qui composent notre groupe ; et cette homogénéité a son tour peut être attribuée à l'imitation, consciente ou inconsciente. L'imitation se trouverait encore être, en ce cas, cause de l'expansion des idées égalitaires ? – Oui, mais cause indirecte ; et si nous voulons comprendre comment elle agit sur l'opinion publique, nous sommes obligés de considérer d'abord l'effet qu'elle produit sur les éléments sociaux, qu'elle assimile, puis l'effet que produit, sur les idées régnantes, cette assimilation même. Le succès de l'égalitarisme ne doit plus dès lors être présenté comme la résultante pure et simple de mouvements de propagation qui auraient traversé indifféremment toutes les sociétés, quelles que fussent leurs formes, pourvu seulement qu'un homme de génie s'y fût rencontré pour donner la chiquenaude initiale : cette propagation même a pour condition l'existence de certaines formes sociales qui, modelant les esprits en un certain sens, les prépare à recevoir l'empreinte des idées égalitaires. C'est dire que l'explication sociologique reprend sa place à côté de l'explication purement idéologique.

Du moment d'ailleurs où l'on reconnaîtra que des formes sociales existent, qui ne varient pas comme varient les individus qu'elles encadrent, il faudra bien reconnaître que la permanence de ces formes impose aux actions des individus, même de génie, certaines limites. Les sociétés ne sont pas dans la main des grands hommes comme l'argile dans la main du potier. « Pas plus que les organismes, elles ne sauraient s'assimiler ce qui répugne à leur nature [1]. » Et sans doute, les sociétés sont justement plus mobiles, plus variables, plus souples que les organismes ; ce serait cependant exagérer leur plasticité et même leur refuser, à vrai dire, toute consistance propre que de croire qu'elles peuvent tourner à tous les hasards et se plier à tous les caprices. L'expérience a cent fois démenti cette croyance :

---

1 GROSSE, *Die Formen der Familie und die Formen der Witrhschaft.*

pas plus que le communisme d'État n'a pu s'installer en Chine, la religion chrétienne aux Indes, la constitution fédérale au Mexique, l'égalité légale n'a pu encore s'imposer aux mœurs dans l'Empire ottoman [1]. Pour qu'une idée pénètre une société, il faut qu'il y ait, entre la nature de celle-là et la structure de celle-ci, une sorte d'harmonie préétablie.

Ce n'est donc pas donner des mouvements des sociétés une explication suffisante que d'en demander tout le secret à la création, puis à la propagation des idées individuelles. L'imitation toute seule reste presque aussi mystérieuse, en somme, que l'invention, et n'est pas beaucoup plus explicative. Afin que la propagation d'une idée dans un milieu se laisse comprendre, il faut des raisons tirées de l'observation de ce milieu même.

Ainsi, pour l'explication du succès d'une idée sociale, ni la physiologie, ni la psychologie purement individuelle ne sauraient suffire. Comme la « force des races », la « force des idées » est un problème plutôt qu'une solution. Des systèmes d'idées comme des qualités de race, la genèse, et même la transmission restent obscures, et l'action indécise. L'hypothèse anthropologique et l'hypothèse idéologique ne sortent guère du mystère. Le succès de l'égalitarisme reste, après leurs tentatives, un phénomène surprenant, dont elles ne dévoilent pas la loi génératrice.

Elles sont donc loin de barrer la route à toute autre hypothèse ; et si nous en rencontrons une qui, découvrant une relation constante entre l'expansion des idées égalitaires et certains phénomènes déterminés, montre aussi comment, suivant quelles lois générales, ces phénomènes peuvent contribuer au succès de cette idée, – nous aurons le droit de dire, au nom des principes rappelés plus haut, qu'elle satisfait, mieux que les précédentes, à notre soif d'explication.

*

* *

La sociologie nous offre-t-elle, et à quelles conditions, de pareilles hypothèses ?

Supposons que l'histoire nous permette de constater par exemple,

1 V. DARESTE, Études d'Histoire du Droit, p. 112. – LYALL, Études sur les mœurs religieuses et sociales d'Extrême-Orient, p. 238. – TOCQUEVILLE, Démocratie en Amérique, I, p. 299. – SEIGNOBOS, Histoire politique de l'Europe contemporaine, p. 599.

Célestin Bouglé

que toutes les sociétés centralisées égalitaires et inversement que nulle société non centralisée n'est égalitaire, et enfin que les plus égalitaires sont aussi les plus centralisées. L'observation réunirait alors toutes les conditions nécessaires à une induction, et nous pourrions affirmer qu'un rapport constant unit la centralisation à l'égalitarisme. Mais ce ne serait encore qu'une loi empirique. – Supposons donc que nous ayons montré comment, lorsque les sociétés affectent une forme centralisée, les esprits qui les composent se trouvent naturellement amenés, en vertu des lois de la formation des idées, à penser, non par classes, mais par individus, et à mettre, vis-à-vis du centre unique, tous les individus sur le même plan, alors nous aurions pleinement compris la relation établie. Par une double opération, inductive et déductive, historique et psychologique, nous l'aurions non seulement constatée, mais vraiment expliquée.

Combien la réalité nous laisse loin de cette connaissance idéale, ce n'est que trop évident. D'abord, serait-il facile de prouver que, partout où telle forme sociale est donnée, l'égalitarisme apparaît, et surtout que leurs variations sont concomitantes ? Les exemples de relations aussi nettes sont rares dans l'histoire. Nous risquons, par exemple, de rencontrer plus d'une société centralisée où l'égalitarisme ne se laisse pas constater. Cela ne suffirait-il pas à ruiner notre induction ?

Toutefois notre tentative ne serait pas encore, par là même, définitivement condamnée. En disant que telle forme sociale contribue au succès de l'égalitarisme, nous ne prétendons pas qu'elle en soit la cause unique, la raison suffisante : nous ne la posons que comme une de ses conditions. Pour qu'il se produise forcément, d'autres doivent être données en même temps qu'elle. Peut-être en est-il de sociales, et alors, il appartient à la sociologie de les définir. Peut-être en est-il d'« extra-sociales » – toutes physiques ou toutes psychiques – et alors d'autres sciences les distingueront. Cela n'empêchera pas la sociologie proprement dite de pousser aussi loin qu'elle le pourra la recherche des actions propres aux phénomènes qui sont de son ressort. Seulement, par cela même qu'elle se présente comme une science abstraite de l'histoire, ce sera moins une science de causes suffisantes et de lois immuables qu'une science de tendances et d'influences.

Première partie

Mais au moins, dira-t-on, pour que vous puissiez induire les tendances et les influences qui ont contribué à l'expansion des idées égalitaires, vous faudra-t-il avoir quelques cas à comparer : or, en délimitant votre champ d'observation, ne l'avez-vous pas réduit à un cas unique ? Un seul fait, en somme, vous sert de texte : l'expansion de l'idée de l'égalité dans la seule civilisation occidentale.

Et il est vrai que l'on considère ordinairement, du point de vue idéologique, l'apparition de l'égalitarisme dans nos sociétés antiques et modernes comme un phénomène unique, puisqu'on le regarde comme résultant de la transmission, à travers le temps et l'espace, d'une même théorie. Mais si, comme nous avons essayé de le prouver, cette explication est insuffisante, dès lors les apparitions de l'égalitarisme dans des sociétés séparées par le temps, comme l'Empire romain et la République française, ou par l'espace, comme la République française et les États-Unis, sont bien des phénomènes distincts et comparables ; et il est permis de rechercher les antécédents communs qui ont dû provoquer, ici et là, l'apparition des idées égalitaires.

Depuis quand d'ailleurs est-il impossible *a priori*, parce qu'un phénomène se reproduit rarement, de découvrir la loi de sa production ? Là même où l'induction perd pied, la déduction garde ses droits. Les sciences physiques et naturelles ont prouvé mille fois qu'elles savaient suppléer à la première par la seconde ; plus que toutes les autres, les sciences sociales devront user de cette faculté. C'est l'histoire en effet qui leur fournit leurs matériaux. Or on sait que l'histoire ne se répète guère ; il est rare qu'elle ramène deux fois les mêmes combinaisons de conditions. Ou bien, donc, la sociologie se résoudra à ne rien expliquer, ou elle osera employer les procédés déductifs : elle sera déductive ou ne sera pas. Si l'histoire ne nous laisse pas « constater » avec assez de précision les rapports qui unissent telle forme sociale au succès de l'égalitarisme, il nous faudra bien tenter de les « démontrer ». Supposons, par exemple, que la coïncidence historique de l'égalitarisme avec la centralisation ne se révèle que très rarement ; si du moins nous saisissons clairement, sur ces exemples rares, les processus en vertu desquels les esprits exposés à l'action d'un régime centralisé doivent être portés vers les idées égalitaires, nous jugerons légitimement

Célestin Bouglé

que la coïncidence en question cache une loi : la psychologie peut suppléer aux insuffisances de l'histoire pour conférer aux propositions sociologiques toute la vraisemblance dont elles sont aujourd'hui capables.

Si nous voulons donc résoudre le problème que nous posions tout à l'heure, notre méthode devra être, conformément à ces principes, d'essayer tour à tour, dans les chapitres qui vont suivre, l'induction et la déduction, – c'est-à-dire, dans l'espèce, les constatations historiques et les démonstrations psychologiques.

Première partie

Deuxième partie

Chapitre premier
La quantité des unités sociales :
nombre, densité, mobilité

Si l'on veut méthodiquement construire une science, il faut, suivant la règle souvent rappelée par Comte, la fonder sur l'étude des propriétés les plus simples et les plus générales de son objet. Cherchons donc, pour mesurer leur influence sur le développement de l'égalitarisme, les caractères les plus généraux et les plus simples des sociétés.

Si différentes qu'elles soient, églises ou armées, familles ou syndicats, les sociétés ont toutes, par définition, ceci de commun qu'elles unissent un certain *nombre* d'individus : c'est un truisme que pour former une société on peut être des millions et il faut être au moins deux. La quantité des individus, telle est donc la condition la plus générale de l'existence des sociétés : et la première de leurs formes à prendre en considération sera leur grandeur ou leur petitesse, c'est-à-dire le nombre plus ou moins grand des hommes qu'elles mettent en relations.

Considération oiseuse, pensera-t-on peut-être : la quantité des éléments n'est, dans les êtres sociaux comme dans tous les êtres composés, qu'un phénomène superficiel, et qui n'affecte pas leur constitution intime. N'est-ce pas précisément celui dont nous faisons le plus naturellement et le plus légitimement abstraction dans nos raisonnements par analogie ? Qu'un ensemble soit grand ou petit, ses parties peuvent être unies par le même rapport. Entre deux exemplaires, plus ou moins volumineux, d'un même être, les différences de degré n'entraînent pas les différences de nature. Les microcosmes diffèrent des macrocosmes quantitativement, non qualitativement.

Et sans doute la quantité par soi n'est pas efficiente : la structure d'un tout ne serait nullement modifiée par l'accroissement du nombre de ses éléments si cet accroissement même ne devait rien changer à leurs rapports. Mais c'est ce qui est invraisemblable.

Déjà en biologie, on remarque que le volume d'un organe et le nombre de ses cellules affectent, dans une certaine mesure, sa constitution même ; s'il est vrai que celle-ci doit s'expliquer, en dernière analyse, par les rapports des éléments biologiques, par les actions et réactions physico-chimiques qu'ils échangent, quoi d'étonnant à ce que l'accroissement de la quantité de ces éléments, multipliant ces rapports et permettant par suite à ces actions et réactions d'être plus intenses, plus complexes et plus variées, modifie jusqu'à la structure générale de l'organisme ? *A fortiori* s'il s'agit d'une société : les rapports qui unissent ses éléments pouvant être infiniment plus nombreux, plus complexes et plus variés – puisque leurs « interactions » sont, non plus seulement physiques ou chimiques, mais psychiques, – il s'ensuit qu'un accroissement de la quantité de ces éléments, devant redoubler le nombre, la complexité et la variété de ces rapports, sera vraisemblablement capable de modifier jusqu'aux fondements de l'organisation sociale.

De fait, si l'influence du nombre des individus associés sur les différentes formes de l'activité sociale n'a pas souvent été systématiquement étudiée [1], elle a été plus d'une fois, sur plus d'un point, remarquée incidemment. Ici encore, c'est le spectacle des phénomènes d'ordre économique qui donne l'éveil : il est trop évident que la grande quantité des collaborateurs influe sur les procédés qu'ils emploient pour produire les richesses : elle est, par exemple, la condition *sine qua non* de ces économies de temps et d'espace qui caractérisent l'industrie moderne. Comment le travail se diviserait-il dans une société qui ne compterait ni des producteurs assez nombreux pour se spécialiser, ni des consommateurs assez nombreux pour offrir des débouchés aux spécialistes ? Mais ce n'est pas seulement sur la façon dont se produisent les richesses, c'est sur la façon dont elles se distribuent, ce n'est pas seulement sur la technique, c'est sur le droit qu'on a aisément aperçu l'action de la quantité sociale. L'accroissement du nombre des familles, suivant un vieux texte irlandais [2], fit succéder, au régime de la propriété

---

1 C'est par M. SIMMEL et par M. DURKHEIM qu'elle a été le mieux mise en lumière. V. SIMMEL, *La Détermination numérique des Sociétés* dans les *Annales de l'Institut international de sociologie*, I, 1895 ; DURKHEIM, *De la Division du travail social*, 1893.

2 Cité par LAVELETE, De la propriété et de ses formes primitives, 4ᵉ édit., 1891, p. 290 (F. Alcan).

Deuxième partie

collective, le régime de la propriété individuelle. La limitation du nombre des unités coopérantes et partageantes parait être en effet une condition de l'activité communiste. Fourier le sentait sans doute qui décrétait que le nombre des membres de ses phalanstères ne devait pas dépasser 1 500. De Platon à Rousseau, tous les utopistes qui ont posé, *a priori*, une limite à l'extension de leurs « républiques » ont prouvé qu'ils avaient, plus ou moins vague, le sentiment qu'à une certaine quantité sociale certaines qualités étaient liées.

Et, en effet, les sentiments et les idées les plus intimes en portent parfois la marque ; il n'est pas jusqu'aux nuances de notre patriotisme, de nos amitiés, de notre religion qui ne puissent être modifiées par le nombre des hommes avec lesquels nous vivons en rapports constants. On n'aime pas de la même façon, – c'est un moraliste qui en fait la remarque [1], – une petite cité et une grande patrie. On ne s'aime pas de la même façon, suivant M. Tarde [2], dans les villes, où l'on rencontre beaucoup d'individus différents assez aisément substitués les uns aux autres, et dans les campagnes. On n'y prie même pas de la même façon, s'il faut en croire S. Lyall [3]. Les fidèles des sectes étroites, nous rappelle encore St. Mill [4], sont d'ordinaire plus attachés à leurs dogmes que ceux des Églises universelles. – Toutes observations qui prouvent suffisamment l'influence de la quantité sociale non pas seulement sur la façon dont les hommes réalisent leurs idées et leurs sentiments, mais sur le ton même de ces sentiments et, le tour de ces idées. Comment donc les aspirations et les croyances égalitaires, qui ont pour objet les rapports mêmes des individus, ne seraient-elles pas soumises à une action, plus ou moins directe, de leur nombre ?

*

* *

Entre l'expansion de l'égalitarisme et l'extension des groupements sociaux qu'il pénètre il semble bien qu'il y ait, en effet, une coïncidence constante.

L'évolution qui entraîne les sociétés vers la démocratie les élargit

1 J. LEMAITRE, *Les Contemporains*, I, p. 152.
2 *La Logique sociale*, 1895, p. 319 (F. Alcan).
3 *Les mœurs religieuses et sociales de l'Extrême-Orient*, 1885, p. 80.
4 *On Liberty*, 1872, p. 24-25.

Célestin Bouglé

en les entraînant. L'histoire, suivant Mommsen [1], va du canton à la nation ; elle est un « système d'incorporation », destiné à agglomérer, en des groupements aussi larges que possible, le plus grand nombre possible d'individus. Une nécessité supérieure, dit M. Tarde [2], pousse le cercle social, quel qu'il soit, à s'accroître sans cesse. Et il n'est pas dit que cet accroissement résulte d'une nécessité supérieure, ou même se réalise partout. Sous cette « nécessité » se cache une conspiration de causes diverses, qui ne se retrouvent pas toutes au point de départ de tous les groupements sociaux. On ne voit pas qu'une tendance à l'accroissement de l'« incorporation » se manifeste clairement, par exemple, dans l'histoire des sociétés de l'Afrique du Nord [3]. – Mais il reste que, dans l'histoire de la civilisation occidentale, l'augmentation de la quantité des individus groupés marche ordinairement de pair avec les aspirations égalitaires des groupes.

Déjà Rome, dont la mission était de préparer pour le monde moderne la conception d'un Droit sans privilèges, n'était-elle pas le plus puissant instrument « d'intégration » de l'antiquité ? Préoccupée, dès ses origines, d'accroître le nombre des Romains, elle fait efforts pour englober, vers la fin de son règne, l'humanité tout entière. La chute des barrières du vieux droit romain coïncide avec l'élargissement quantitatif de la société romaine [4]. – Inversement, avec le rétrécissement des sociétés au moyen âge coïncidera l'établissement des inégalités. Tous les historiens ont noté l'étroitesse du cercle de la vie sociale pendant cette période [5] : la féodalité « isole » en même temps qu'elle hiérarchise.

Le respect des idées qu'elle défendait diminue lentement, tandis qu'augmente le nombre des individus rassemblés par les grandes nations modernes. Pour celles-ci l'accroissement quantitatif semble en quelque sorte de rigueur : chacune d'elles paraît tenir

1 *Histoire romaine*, trad. DE GUERLE, I, p. 52, 100.

2 *Lois de l'Imitation*, 2e édit., 1895, p. 72 (F. Alcan).

3 V. MASQUERAY, *Formation des cités chez les populations sédentaires de l'Algérie*, 1886, p. 260.

4 V. MADWIG, *L'État romain*, trad. Morel, I, 1 233 ; II, 8250.

5 V. GUIZOT, *Essais sur l'Histoire de France*, Ve, essai. Le même fait est noté, non seulement par les historiens de la politique, mais par les historiens de l'économie et du droit. Cf. K. BÜCHER, *Die Entstehung der Volkswirtschaft*, Ire édit., 1893, p. 212. – LEVASSEUR, *Histoire des classes ouvrières en France*, I, p. 319. – FLACH, *Les origines de l'ancienne France*, II, p. 275.

Deuxième partie

pour une nécessité vitale l'assimilation du plus grand nombre possible d'individus. L'appétit d'annexion est caractéristique de nos sociétés : elles se sont constituées en absorbant les groupes plus petits qu'elles, et l'on peut dire qu'encore aujourd'hui elles font effort pour s'absorber les unes les autres. D'ailleurs, ce n'est pas seulement par le dehors, mais par le dedans qu'augmente la quantité de leurs membres. Leur croissance, dirait Spencer, n'est pas seulement externe, mais « interstitielle ». On sait que toutes, jusqu'à ces dernières années du moins, ont vu leur population se multiplier avec une rapidité inouïe ; phénomènes relativement récents et qu'on peut dire caractéristiques de l'époque moderne [1].

Il est vrai que, suivant certains statisticiens, l'excès même de la civilisation, et en particulier l'ambition de la démocratie serait une des causes de la diminution, récente ou imminente, de la population européenne. Les recherches de M. Dumont [2] sur la décroissance de la natalité en France et en Amérique sembleraient prouver que les centres les plus populeux, où la démocratie bat son plein, où la « capillarité sociale » fait concourir les masses, sont aussi les moins féconds : d'un mot ce serait l'individualisme, nerf de la démocratie, qui énerverait la puissance reproductrice des nations. – Mais, que les progrès des aspirations démocratiques aient contribué ou doivent contribuer un jour à la décroissance de la population, est-ce une raison pour que l'accroissement de la population ne contribue pas aux progrès de la démocratie ? Combien de fois un sentiment une fois créé, vivant et agissant, ne modifie-t-il pas la forme sociale qui a participé à sa création ? – Ce que nous pouvons dès à présent constater, c'est que la portion de la terre où les idées égalitaires se manifestent le plus clairement est aussi celle où se rencontrent les populations les plus nombreuses. La population, d'Europe était évaluée en 1801 à 175 millions, en 1830 à 216, en 1870 à 300, en 1897 à 370 millions [3]. Et l'on peut prévoir, nous dit-on, qu'à la fin du siècle elle aura augmenté de 230 millions depuis 1815, c'est-à-dire de 117 pour 100 [4]. Il suffit de rapprocher par la pensée nos grandes sociétés modernes, avec les trentaines

---

1 V. P. LEVOY-BEAULIEU, *La Question de la population et la civilisation démocratique*. Revue des Deux-Mondes, 15 octobre 1897.
2 *Dépopulation et civilisation*
3 LEVASSEUR, *La population française*, I, p. 318.
4 MEURIOT, *Des agglomérations urbaines dans l'Europe contemporaine*, p. 28.

Célestin Bouglé

de millions de citoyens qu'elles comptent, de toutes les sociétés primitives qu'on nous présente, et dont aucune ne paraît compter plus de quelques milliers de membres [1], pour se rendre compte que si les sociétés modernes sont nettement distinguées des primitives par leurs tendances à l'égalité, elles n'en sont pas distinguées moins nettement par la grande quantité de leurs unités : coïncidence de caractères distinctifs qui nous autorise à chercher, entre l'un et l'autre, un rapport de condition à conséquence.

Et qu'on ne nous oppose pas l'existence des « grands empires » anciens, comme ceux des Assyriens, qui tout en étant mille fois plus volumineux que les cités grecques, sont aussi mille fois moins près de l'égalitarisme. Ce serait oublier que la seule quantité sociale qui nous importe est celle qui a pour effet d'augmenter, de compliquer et de varier les rapports entre individus.

L'immensité de l'aire couverte par un Empire a peu d'action si, entre les individus qui sont ses sujets, il n'y a et ne saurait y avoir que peu de relations. L'extension des sociétés n'est efficace que par le rapprochement de leurs unités. Il faut, pour que leur nombre puisse influer sur les idées sociales, que les membres nombreux d'un même État réagissent réellement les uns sur les autres, et par suite qu'ils soient concentrés, non disséminés. Or cette concentration est justement le propre des nations modernes : ce qui les distingue, ce n'est pas tant leur grand « volume » que leur grande « densité » [2].

Mais, dira-t-on, si d'une façon générale, il est vrai que les populations les plus denses se concentrent, dans l'espace, à l'Occident, comme, dans le temps, à l'époque moderne, cette règle n'admet-elle pas d'éclatantes exceptions ? On voit bien. qu'en Europe les pays les moins pénétrés par la civilisation démocratique sont aussi, d'une manière générale, les moins denses. Tandis que le Lancashire compte 707 habitants par kilomètre carré, et les Pays-Bas 307, la Russie n'atteint en moyenne que 17. Le gouvernement de Moscou, où les manufactures sont les plus nombreuses, ne dépasse pas 65 [3]. Mais comparons seulement l'Inde et les États-unis la densité de l'Inde est de 88 habitants par kilomètre, tandis que

1 Cf. RATZEL. *Anthropogeographie*, II, p. 275, 284.
2 V. G. VON, MAYR, *Statistik und Gesellschaftslehre*, II, p. 38-52.
3 V. LEVASSEUR, *op. cit.*, I, p. 450-470.

celle des États-unis n'est que de 7. N'est-ce pas dans l'Inde pourtant, toute morcelée par les castes, que vit l'esprit le plus contraire à l'esprit égalitaire ? – À quoi il faut répondre qu'il manque justement à la société hindoue de posséder ces puissants multiplicateurs des contacts sociaux qui sont les villes. « De tout temps les villes ont été l'exception en Inde » [1]. Or c'est dans les villes seules qu'un grand nombre d'individus vivent d'une vie sociale intense ; dans les villes seules l'échange des sensations, des sentiments et des idées est incessant et inévitable ; dans les villes seules la quantité des unités rassemblées entraîne presque nécessairement la multiplicité et la variété de leurs relations. Les villes surtout doivent donc être les milieux favorables à la fermentation des idées égalitaires.

C'est ce que vérifie l'histoire. Entre les murs de la cité romaine se forgeait la première idée du Droit naturel – Rome est la « ville du monde » où, des quatre coins de l'horizon, les masses des peuples divers concourent pour se pénétrer. Les temps modernes, où l'égalitarisme passe à l'acte, sont aussi ceux où les concentrations de la population dans les grandes villes deviennent la loi. Tandis que de « grandes villes » du moyen âge comme Mayence, Dresde, Francfort, Strasbourg ne comptent guère, au XVe siècle, que de 6 000 à 15 000 habitants [2], c'est par millions que se chiffrent aujourd'hui ceux de Londres, de Berlin, de Paris. En France, depuis 40 ans, la proportion de la population urbaine à la population totale a passé de 24 pour 100 à 36 pour 100. Pour l'Europe entière, de 1870 à 1897, tandis que le nombre de ses habitants augmentait de 20 pour 100, c'est de 52 pour 100 qu'augmentait le nombre des habitants des villes de plus de 100 000 âmes [3]. Que l'expansion des idées égalitaires réponde à cette concentration de la population, cela paraît hors de conteste. Les pays qui restent en arrière du mouvement démocratique, comme la Russie, sont aussi ceux où les grandes agglomérations urbaines ont toujours été exceptionnelles : dans un territoire qui couvre la moitié de l'Europe, et compte 28 pour 100 de sa population, il ne se rencontre, que 8 pour 100 de ses grandes villes. Inversement les grandes, villes apparaissent, dans toute l'Europe, comme des centres de révolution. La parole du vieux Frédéric-Guillaume aux députés silésiens, en 1850, devait

1 SENART, *Les castes dans l'Inde* : *Revue des Deux-Mondes*, 1894 V. p. 334.
2 V. BUCHER, Die Entstehung der Volkswirtschaft, Ire édition, p. 215.
3 MEURIOT, *op. cit.*, p. 31. MAYR, *op. cit.*, p. 50-60.

Célestin Bouglé

être généralisée ; tous les conservateurs ont pu dire : « Il règne dans les villes un mauvais esprit ». Parce que l'accroissement de la quantité sociale a pris dans les sociétés modernes la forme de la concentration urbaine il les prédisposait, plus que toutes les autres, à l'égalitarisme.

Un autre phénomène multiplie d'ailleurs les effets dus au grand nombre des individus rassemblés dans ces mêmes, sociétés, et les rend, quantitativement supérieures à toutes les autres : c'est la faculté dont jouissent leurs unités de franchir plus d'espace en moins de temps, c'est la mobilité sociale. Par là se trouve effectivement décuplée la densité. On mesure d'ordinaire la densité d'une société par le rapport qui unit la surface qu'elle recouvre aux éléments qu'elle contient : mesure singulièrement imparfaite pour notre objet. S'il est vrai que c'est la quantité, la complexité et la variété des contacts sociaux qui nous importent, quel compte ne devons-nous pas tenir de la multiplication des moyens de transport et de communication ! Permettant aux hommes de se mouvoir avec rapidité pour se rencontrer, ou même de commercer sans se mouvoir, ils font monter d'un chiffre incalculable le taux de toutes les espèces de relations humaines.

La chimie, pour définir la constitution d'un corps, tient compte non plus seulement du nombre des corpuscules élémentaires qu'elle y distingue, mais de la vitesse et de la fréquence des mouvements dont ces éléments sont animés. *A fortiori*, pour expliquer la nature et l'évolution de l'ensemble qu'ils constituent, la sociologie ne doit pas négliger les mouvements mêmes des éléments sociaux : toutes choses égales d'ailleurs, la quantité sociale augmente à proportion de leur mobilité. Si donc, comme nous cherchons à l'établir, il existe un certain rapport entre l'accroissement de la quantité sociale et le succès des idées égalitaires, il n'est pas étonnant que les peuples les plus portés à l'égalitarisme soient aussi les plus habitués à la mobilité.

Déjà, sous l'Empire romain, on sait que les communications avaient atteint une fréquence et une rapidité qui semblent avoir été oubliées jusqu'au réveil des temps modernes [1]. On nous dit que dans les contrées les plus éloignées, dans la Sierra Morena comme dans la Syrte africaine, en Écosse comme sur les bords de l'Euphrate, les

---

1 FRIEDLÄNDER, *Darstellungen aus der Sittengeschichte Roms*, II Ire partie.

Deuxième partie

ornières des voies romaines, depuis si longtemps délaissées, sont visibles encore. Les routes qui rayonnaient de Rome provoquaient déjà l'admiration des contemporains. Les inscriptions, comme celle d'Halicarnasse, les discours solennels, comme celui d'Aristide de Smyrne, louent et remercient les empereurs d'avoir tracé, sur la surface de la terre, tant de traits d'union pour les peuples. – Ce ne sont pas seulement les services publics qui profitent de ces immenses travaux. À côté du gouverneur qui vient rendre ses comptes à l'empereur, des ambassades qui lui apportent des réclamations, des troupes qu'il fait changer de garnison, des vétérans qui gagnent la colonie qu'il leur a assignée, commerçants, rhéteurs, médecins se croisent sur les larges chaussées en ligne droite, avec les étudiants, les pèlerins, les touristes. La Méditerranée est aisément franchie ; une excursion en Égypte n'effraye pas. Un Phrygien se vante d'avoir fait soixante-douze fois le voyage d'Asie en Italie. On nous dit de Philostrate qu'il avait peu vu le monde ; il connaissait l'Italie, l'Égypte et la Grèce. Dans un Empire où les déplacements étaient aussi faciles, les provinces extrêmes pouvaient échanger leurs habitants : on trouve des soldats syriens ou bretons en Dacie et en Rhétie. Hérode a des Gaulois et des Germains comme gardes du corps. Des peintres et des sculpteurs grecs sont installés en Espagne, des orfèvres asiatiques en Gaule. D'un bout à l'autre de l'Empire romain c'était, suivant l'expression de Montesquieu, une « incessante circulation d'hommes ». On a l'impression, conclut Friedländer, que les hommes ne voyageaient pas moins alors, et peut-être voyageaient plus qu'en Europe à l'époque moderne avant les chemins de fer.

Mais que la circulation, de nos jours, ait pris un développement hors proportion avec tout ce que les anciens avaient pu connaître ou imaginer, on le sait de reste. Par la transformation industrielle des véhicules, des voies et des moteurs, les transports sont devenus à la fois plus rapides et moins coûteux. Déjà, de la fin du siècle dernier jusqu'en 1850, la vitesse moyenne des voyages avait triplé : elle a plus que triplé depuis 1850, avec la locomotive. Les statisticiens de la circulation croient pouvoir affirmer que la vitesse des déplacements a décuplé depuis 100 ans et vingtuplé depuis 200 ans [1]. – Et sans doute la surface dans les limites de laquelle de

---

1 V. A. DE FOVILLE, Article *Transports* dans le *Nouveau Dictionnaire d'Économie*

Célestin Bouglé

pareilles vitesses peuvent être obtenues n'est encore qu'une petite portion de la surface terrestre ; mais c'est justement la portion envahie par la démocratie.

En 1892, l'Europe occidentale comptait plus de 250 000, kilomètres de voie ferrée, l'Amérique du Nord plus de 350 000. Si nous mesurons les distances non plus aux espaces qu'elles recouvrent, mais (ce qui importe en effet à la vie sociale) aux temps qu'il faut pour les parcourir, nous voyons l'aire des nations modernes se contracter en quelque sorte et se resserrer sous nos yeux. Dressons les cartes concentriques de la France à différentes époques, de telle sorte que leurs dimensions de plus en plus restreintes symbolisent les durées des voyages aux époques considérées [1]. La France du XIXe siècle nous apparaîtra comme six ou sept cents fois moins étendue que celle de Louis XIV, c'est-à-dire, abstraction faite de l'augmentation absolue de la population, comme six ou sept cents fois plus dense. – Qu'on ajoute, à cette augmentation de la vitesse des voyages, la réduction des prix qui l'accompagne, qu'on se représente que les communications s'universalisent en même temps qu'elles s'étendent, et que les masses populaires entrent à leur tour dans la circulation générale, on aura alors une idée du degré de mobilité inouïe qu'il appartenait à la civilisation occidentale de donner à l'humanité. « Pendant beaucoup de siècles il y a eu moins de mouvement sur la terre qu'il ne s'en produit de nos jours en un an [2]. » Et ainsi – la remarque en a souvent été faite [3] – par la multiplication des contacts que la nature disciplinée établit entre leurs membres, les sociétés civilisées ressemblent de plus en plus à des villes énormes.

De toutes ces considérations nous avons le droit de conclure que nulle part le rendement de la quantité sociale n'a été ou n'est plus considérable que dans la civilisation moderne occidentale, – c'est-à-dire dans ces pays et dans les temps où l'expansion de l'égalitarisme a aussi atteint son maximum.

*

---

politique.

1 V. les *Albums* de M. CHEYSSON (n°8).

2 DE FOVILLE, Art. cit., p. 1066.

3 V. COURNOT, De l'Enchaînement des Idées fondamentales, II, p. 218. – V. DURKHEIM, Division du travail, p. 333. – TÖNNIES, Gemeinschaft und Gesellschaft, p. 283.

Deuxième partie

* *

Mais si nous voulons prouver que ce rapport est plus qu'une coïncidence, et que l'accroissement de la quantité sociale est au moins l'une des conditions du développement de l'égalitarisme, il nous faut expliquer comment, par quelle série d'intermédiaires et suivant quelles lois générales, cela peut contribuer à produire ceci.

Si le nombre des individus associés doit agir sur les idées sociales, c'est d'abord, pensera-t-on, par l'intermédiaire des transformations d'ordre pratique qui résultent, pour un gouvernement, de l'augmentation du nombre des gouvernés. Comme la quantité sociale modifie sensiblement les procédés du commerce et de l'industrie, elle doit modifier les procédés de la politique.

Et, de même que les aspirations et les idées économiques varient elles-mêmes suivant les modes de la production et de la distribution des richesses, de même, en vertu des réactions connues qu'exercent les moyens sur les fins, les transformations quantitatives des sociétés influeront, par les modes de gouvernement qu'elles leur imposent, jusque sur leurs aspirations et leurs idées politiques.

Mais n'allons-nous pas rencontrer, de ce côté, des faits tout contraires à notre thèse ? N'est-il pas reconnu que l'accroissement de la quantité sociale a pour principal effet de gêner le libre jeu des institutions dites démocratiques ? Ce gouvernement direct et permanent de tous par tous, qu'on nous montre dans certaines sociétés primitives, n'était possible que grâce à l'étroitesse des clans. De même, l'extension des cités antiques, en augmentant et le nombre des citoyens et les distances qui les séparaient du forum, a rendu illusoire l'exercice immédiat des pouvoirs judiciaires et politiques par le, peuple même [1]. Dès que le cercle des républiques s'élargit, il faudrait, pour que tous les membres du souverain continuassent à exercer leurs droits, que la vie sociale fût à chaque instant arrêtée, et toute affaire cessante : dans un État qui grandit, le gouvernement direct devient un leurre. On a pu soutenir [2] que la grandeur des Empires les prédestine au despotisme – soit que leur étendue fasse sentir, en même temps que le grand danger des

1 V. MOMMSEN *op. cit.*, p. 387. – MADWIG, *L'État romain*, Trad. Morel, III, 236, 293.
2 C'est la thèse de M. H. PASSY. *Des formes du gouvernement*, Cf. LACOMBE. *De L'Histoire considérée comme science*, p. 343.

Célestin Bouglé

divisions intestines, la nécessité d'un pouvoir central absolu, – soit qu'elle empêche les sujets, trop éloignés les uns des autres et trop nombreux, de se concerter aisément pour défendre leurs droits contre les empiètements de ce pouvoir unique.

Mais, d'abord, en admettant que l'accroissement du nombre des citoyens ou des sujets rende plus facile la pratique du régime dit despotique ou plus difficile la pratique du régime dit démocratique, il ne serait pas encore démontré par là même qu'elle les éloigne forcément de l'idée de l'égalité. Un même phénomène peut fort bien augmenter à la fois et l'intensité des aspirations égalitaires et la difficulté qu'il y aurait à user, pour les réaliser, de telle organisation politique. Il est vrai que le gouvernement direct du peuple par le peuple, dont on nous dit que les sociétés archaïques donnent quelques exemples, ne paraît guère possible dans une société volumineuse. Mais cette forme de gouvernement n'est qu'un des nombreux moyens par lesquels les hommes associés peuvent garantir leurs droits ; des organisations politiques très différentes, variant avec les circonstances géographiques et historiques, sont capables de satisfaire aux mêmes exigences des consciences, et rien n'empêche *a priori* que, parmi les formes gouvernementales, il en soit qui s'accordent tant avec l'idéal démocratique qu'avec l'accroissement de la quantité sociale.

Lorsque vous établissez entre l'un et l'autre une sorte d'incompatibilité, vous ne considérez qu'un des aspects de cet accroissement, à savoir l'augmentation du volume des sociétés, et vous oubliez de tenir compte de l'augmentation de leur densité ou de la mobilité de leurs éléments, – phénomènes qui se rencontrent justement, nous l'avons vu, dans les sociétés égalitaires. Or s'il est vrai que la dissémination d'un grand hombre de sujets sur une aire très étendue facilite l'omnipotence tranquille d'un despote, n'est-il pas vrai que leur concentration dans les grandes villes la rend plus malaisée ? N'offrent-elles pas, comme le prouvent toutes les révolutions au XIXe siècle, des terrains tout préparés aux larges mouvements populaires ? C'est dans leurs rues que le peuple « descend » pour intervenir directement, parfois, dans les affaires de l'État. D'un autre côté la plus grande facilité des communications sociales, si elle favorise les progrès de la centralisation, ne favorise-t-elle pas aussi les progrès de la représentation ? Comme le télégraphe

Deuxième partie

met le préfet dans les mains du ministre, il met le député dans les mains du comité. Grâce aux innombrables chemins qui sillonnent en tous sens les nations modernes, leurs millions d'hommes sont capables de se concerter comme se concertaient, jadis, les milliers d'hommes des cités antiques. La voix des journaux supplée à la voix des orateurs ; « la presse, dit St. Mill, a remplacé le Pnyx et le Forum. » Une même opinion publique couvre les plus larges aires et ainsi, par la multiplication des contacts établis entre ses membres, un grand peuple devient, lui aussi, capable de se gouverner lui-même.

On se tromperait donc étrangement si l'on croyait que les grandes proportions des sociétés modernes, par les formes de gouvernement qu'elles leur imposent, doivent les détourner d'adopter les idées égalitaires : plus vraisemblablement au contraire les petites proportions des cités antiques, par les formes de gouvernement qu'elles leur permettaient, les ont détournées de concevoir ces mêmes idées. Nous nous rappelons en effet que le caractère « démocratique » des institutions des cités grecques elles-mêmes ne doit pas nous faire illusion : un esprit tout différent de l'esprit des démocraties modernes les anime. Il manque à leurs idées sociales une maîtresse pièce de l'égalitarisme tel que nous l'avons défini : et c'est le sentiment de la valeur propre à l'individu, le respect du for intérieur, le culte de la liberté personnelle. – Or, l'étroitesse même de leur cercle d'action n'est-elle pas une des raisons pour lesquelles le trait essentiel des républiques d'aujourd'hui fait défaut à la république d'autrefois ?

Benjamin Constant l'a finement noté [1] : l'étendue des États diminue l'importance politique qui échoit en partage à chaque individu. Dans les limites exiguës de la cité, « le républicain le plus obscur était une puissance. Il se réjouissait d'exercer, comme portion du corps collectif, une souveraineté directe sur les affaires publiques ; il se consolait d'être esclave, comme soumis au corps collectif, dans tous ses rapports privés ». Les grandes démocraties modernes n'offrent plus de pareils systèmes de compensation. L'individu, dont l'influence personnelle n'est plus qu'un élément imperceptible de la volonté sociale qui imprime au gouvernement

---

1 *De la liberté des Anciens comparée à celle des Modernes*, dans le *Cours de Politique constitutionnelle*, t. II, 540-550.

Célestin Bouglé

sa direction, se replie en quelque sorte sur lui-même et met au-dessus de tout sa liberté propre. Ainsi, le grand nombre même des individus agglomérés dans les vastes groupements modernes serait une raison pour que chacun d'eux se sentit porté à se poser comme « fin en soi ».

Et sans doute bien d'autres causes concourent à ce résultat. La religion chrétienne, remarque Laboulaye, en émancipant les consciences, propageait le culte du for intérieur, ou encore, comme le note B. Constant lui-même, le développement des entreprises commerciales, en préoccupant chacun de ses affaires personnelles, appelait l'individualisme. L'action des formes sociales est souvent aidée, ainsi, par d'autres forces qui poussent dans le même sens. Elle n'en doit pas moins être comptée à part. Si les observations de B. Constant sur la liberté des anciens comparée à celle des modernes sont justes, le seul accroissement des sociétés, par cela même qu'il rendait difficile à leurs membres l'exercice du gouvernement direct, est bien loin de s'opposer au progrès des idées égalitaires ; il y contribue au contraire, s'il est vrai qu'il aide, indirectement, à la constitution de l'individualisme que ces idées supposent.

D'ailleurs, les formes sociales n'agissent pas seulement ni même principalement sur nos théories politiques par les modes qu'elles imposent à l'action collective, par les formes gouvernementales qu'elles rendent nécessaires : le spectacle particulier que notre société nous représente chaque jour détermine plus directement encore notre idéal. On a dit des aspects de la nature qu'ils sont capables de modifier, dans une certaine mesure, les façons de penser des hommes : le désert serait « monothéiste », les montagnes « conservatrices ». Que dire alors des aspects de la société ? Nous ne contemplons pas seulement ses changements du dehors, nous les ressentons en nous-mêmes, puisque nous sommes nous-mêmes éléments constituants de l'ensemble, à la fois acteurs et spectateurs, Quoi d'étonnant dès lors à ce que ce milieu social dans lequel nous naissons, vivons et nous mouvons, mette son empreinte sur notre état mental ?

À vrai dire, les voies et moyens de cette influence, il est souvent malaisé de les saisir ; mais que tout le monde ait de ses effets une conscience plus ou moins vague, les proverbes courants, les remarques banales, les conseils de la sagesse populaire suffiraient

Deuxième partie

à le prouver. Vous direz, par exemple, de tel enfant ou de tel homme dont on voudrait voir les façons d'être se transformer, qu'il faut l'envoyer au lycée ou le faire voyager. Que prouvent de telles paroles ? Que vous vous rendez compte que des phénomènes proprement sociaux, comme le fait d'être interné, avec des camarades de toute provenance, sous une discipline égale, ou le fait de traverser brusquement des milieux très différents de celui dans lequel on a été élevé, ont par eux-mêmes un certain pouvoir de modifier les idées. – Pourquoi n'admettrions-nous pas, dès lors, que la forme seule des sociétés dans lesquelles nous vivons nous prédispose à accepter l'égalitarisme ?

Il est possible en effet de démontrer que, conformément aux lois suivant lesquelles se forment nos idées, l'accroissement de la quantité sociale est fait pour habituer notre esprit au respect de la personne humaine.

C'est ainsi, d'abord, que l'extension des cercles qui nous réunissent doit nous aider à embrasser l'idée qu'il existe une humanité dont tous, quelle que soit notre origine, notre couleur, notre situation, nous sommes également les représentants. L'idée de l'humanité n'est-elle pas elle-même, en effet, une extension de l'idée de la famille et de la cité ? N'est-il pas vraisemblable, dès lors, que l'élargissement réel des formes sociales favorise cet élargissement idéal des concepts sociaux ? Penser l'humanité, c'est se représenter plus ou moins vaguement un nombre d'hommes considérable, et susceptible de s'accroître indéfiniment. Si donc, de par la constitution de notre société, nous avons à chaque instant affaire à un nombre très grand, pratiquement indéfini, de « semblables », cette sorte de représentation ne nous sera-t-elle pas plus aisée que si nous n'avions affaire qu'à un nombre petit et limité de « concitoyens » ? L'accroissement numérique des hommes avec lesquels nous entrons en rapports donne à notre pensée une sorte d'élan, qui la porte à concevoir un nombre d'hommes indéfiniment accru. En ce sens l'idée d'humanité est assurément plus naturelle à l'esprit du citoyen moderne qu'à l'esprit du citoyen antique.

Et sans doute, – encore que l'exiguïté des cités grecques ait laissé plus d'une empreinte sur la morale même de leurs philosophes, – l'effort d'une pensée personnelle, devançant les temps, est capable de franchir les bornes des milieux sociaux les plus étroits ; mais pour que l'idée conçue, de personnelle, devienne collective et descende dans les masses, n'importe-t-il pas que les transformations de ces mêmes milieux lui préparent les voies ? C'est en ce sens que l'extension de l'Empire aidait l'opinion romaine à penser l'humanité. Rome était portée à dire : « l'univers c'est moi » [1]. L'union de la ville et du monde, *Urbis* et *Orbis*, tel était le phénomène singulier qui conviait l'humanité à prendre, par Rome, une première conscience d'elle-même. Estime-t-on trop haut, les mille actions incessantes des formes sociales si l'on conclut que cette « universalité », propre à l'empire romain, en faisait un terrain tout préparé pour la floraison des doctrines stoïcienne et chrétienne, et désignait à jamais Rome comme le siège consacré des idées « catholiques ? »

Mais s'il est vrai que l'extension des sociétés favorise la conception des droits de l'humanité ; il n'est pas étonnant qu'elle favorise du même coup la conception des droits de l'individualité : l'institution de ce groupement nouveau, le plus large de tous, qui est le « genre humain » enlève aux groupements antérieurs et plus étroits, dans lesquels les personnes risquaient d'être comme absorbées, une part de leur autorité ; comme elle les rend moins exclusifs elle les rend moins oppressifs. Ce n'est pas par hasard que, suivant Denis, la morale antique au temps d'Alexandre devient à la fois universelle et plus personnelle. Ce n'est pas par hasard que, suivant Burkhardt, la « découverte de l'humanité » coïncide, à la Renaissance, avec la croissance du « sentiment de l'individualité ». Quand les concepts sociaux s'élargissent ainsi, la moralité tend à se définir, non plus comme la soumission aux besoins d'une collectivité quelconque, mais comme la recherche de la perfection individuelle. L'élargissement des *mœnia mundi* conduit les hommes au respect du for intérieur : les fins dernières deviennent les fins intimes. Le même accroissement de la quantité sociale qui érige, au-dessus de tous les classements partiels, l'humanité, dresse, au milieu de tous les classements partiels, l'individu.

Il est possible d'aller plus loin et de montrer comment cet accroissement tend à détruire, de lui-même, tout qui empêche les esprits de se plier aisément aux prescriptions égalitaires. N'est-ce pas les violer en effet que de préjuger les différentes valeurs des

1 DENIS, *Histoire des théories et des idées morales dans l'antiquité*, II, P. 70.

individus que nous avons à comparer ? Or le grand nombre des individus que nous avons à comparer est justement fait pour nous empêcher de préjuger leurs valeurs.

Il a pour premier résultat de nous rendre difficile la connaissance particulière de chacun d'eux. Au lieu d'être des associations de familiers, les grandes sociétés modernes sont en un sens des associations d'étrangers, pour la plupart inconnus les uns aux autres [1]. Circonstance importante : quand nous connaissons les tenants et les aboutissants des individus qu'un concours ou un litige nous donne à comparer, nous risquons de pencher *a priori* d'un côté ou de l'autre. Les « qualités » de toutes sortes avec lesquelles ils se présentent à notre jugement nous empêchent de les mettre aisément sur un pied d'égalité, pour mesurer justement leurs facultés ou équilibrer leurs droits. Nous sont-ils étrangers au contraire ? On peut dire alors qu'ils se présentent vraiment nus devant notre esprit, comme les âmes devant Minos ; nous n'avons aucune raison *a priori* de préférer l'un à l'autre, nous aurons donc l'esprit plus libre pour proportionner, comme le veut l'égalitarisme, les sanctions qui leur seront distribuées à la valeur des actions qu'il s'agit de comparer. En ce sens le grand nombre même des éléments sociaux nous pousse naturellement à leur réserver, avant qu'ils n'aient fait la preuve de leurs différences, un traitement uniforme. Ce n'est pas par hasard que les « grands magasins » qui ne connaissent guère leurs clients, sont aussi ceux où les clients sont traités en égaux [2], c'est-à-dire, où les marchandises leur sont délivrées en quantités strictement proportionnelles à l'argent qu'ils apportent, sans que les prix diffèrent avec les acheteurs.

Par des considérations analogues s'explique l'influence que l'extension des États a pu exercer sur l'isonomie. Suivant Sumner Maine [3], la législation uniforme semble avoir accompagné partout la cessation de la vie locale : la distance même qui sépare le pouvoir souverain de ses nombreux sujets l'oblige à ne pas tenir compte des différences qui pouvaient les séparer. Ainsi, pour les grandes administrations modernes, les administrés ne sont plus réellement que des « unités », ou, comme on dit quelquefois, que

---

1 Rousseau en fait la remarque dans le *Contrat social*, II, chap. IX.
2 V. D'AVENEL, *Le mécanisme de la vie moderne*.
3 *Histoire des Institutions primitives*, trad. Duryen, p. 478, 491

Célestin Bouglé

des « numéros ». L'accroissement de leur nombre uniformise les hommes. Ce qui ne veut pas dire qu'il nous force à méconnaître, finalement, la différence de leurs actes ; il nous permet au contraire de l'apprécier justement. Il nous met en effet, vis-à-vis des individus que nous avons à comparer, dans la même situation qu'un jury d'examen vis-à-vis de candidats qu'il ne connaît pas encore ; par cela qu'il ne les connaît pas, il est plus à l'aise pour les classer sans préjugé, et proportionner ses notes aux différentes valeurs de leurs œuvres. – Ainsi, parce qu'elle nous empêche de les connaître individuellement, la grande quantité des membres des sociétés nous incline à les traiter également.

Mais considérons cette même quantité sous l'aspect de la densité et non plus seulement sous l'aspect du nombre ; et nous verrons qu'il doit s'en dégager, pour l'esprit des hommes agglomérés, certaines impressions qui diffèrent des précédentes jusqu'à leur paraître contraires, mais qui favorisent aussi, par un autre biais, l'expansion de l'égalitarisme.

On sait l'importance sociale du « prestige ». Pascal l'avait mesurée d'un coup d'oeil. C'est le prestige, c'est le cortège d'honneurs dont un haut personnage reste entouré dans notre imagination qui nous empêche de l'assimiler aux autres hommes, et de les tenir, eux et lui, pour des unités comparables. Les causes les plus diverses peuvent contribuer à rehausser, comme les plus diverses à rabaisser la puissance sociale du prestige. – Or, parmi celles qui le déprécient et le démonétisent, ne faut-il pas compter la seule quantité des rapports sociaux ?

Un homme que nous coudoyons journellement, avec lequel nous entretenons des relations les plus fréquentes et les plus variées sera-t-il encore à nos yeux un être quasi-divin ? Qui dit inconnu dit prestigieux. Si, dans une société, une certaine catégorie de gens reste inconnue et comme voilée, le mystère dont elle est entourée pourra lui conserver longtemps le respect des autres classes. Aussi n'est-il pas étonnant que l'on ait si souvent caché les princes aux peuples. La plus sûre garantie du prestige des despotes d'Orient est leur invisibilité. Tout ce qui tend au contraire à nous faire voir de près et comme toucher familièrement les individus réputés supérieurs nous incite à penser que, eux aussi, ils sont des hommes. Les villes, en ce sens, passent à juste raison pour des fabriques

Deuxième partie

d'irrespect. C'est peut-être, remarque Grote [1], parce qu'ils vivaient trop sous les yeux de leurs sujets pour leur commander le respect, que les rois primitifs des communautés confinées dans leurs murs disparaissent bientôt de l'histoire. La cohabitation des bourgeois et des nobles dans les villes d'Italie devait, observe Burkhardt, y favoriser les progrès de l'individualisme [2]. Il y aurait donc plus qu'une métaphore dans l'expression : supprimer les distances. La suppression des intervalles physiques hâte la suppression des intervalles moraux. *Minor e propinquo reverentia.* « Moins de longues distances, dit Guizot [3], moins d'obscurités mutuelles », et par suite moins d'échanges de mépris et de respect. On a donc raison de dire que dans les foyers de la vie moderne où tant d'individus se pressent, « le respect s'en va » si l'on entend par là que l'habitude de voir tant d'hommes de près contrarie l'habitude de respecter *a priori* certaines classes. La densité des sociétés fusionne leurs éléments.

Par leur mobilité enfin, les diverses circonstances les plus favorables au succès de l'égalitarisme se trouvent réunies. Le progrès des communications accroît en effet, en même temps que le nombre des individus avec lesquels nous entrons en relations, le nombre des relations que nous soutenons avec chacun d'eux. Il augmente donc la densité des sociétés en même temps que leur volume, et soumet les esprits, du même coup, aux actions diverses qui résultent de ce double accroissement.

N'est-ce pas dans les associations dont les membres se meuvent le plus aisément que nous avons le plus de chances de nous trouver, à chaque instant, en relations étroites avec des gens qui nous étaient, l'instant d'avant, totalement inconnus ? Les habitudes d'esprit que ce perpétuel va-et-vient nous impose ne sont-elles pas de celles qui s'accommodent le mieux avec les exigences égalitaires ? Un grand progrès dans le sens de l'égalitarisme a été réalisé le jour où, à l'idée que les individus ont les mêmes droits parce qu'ils sont du même sang, s'est substituée l'idée qu'ils ont les mêmes droits parce qu'ils

---

1 Cité par S. MAINE, *Études sur l'Ancien Droit et la Coutume primitive*, trad. fr., p. 238.

2 *Die Cultur der Renaissance in Italien*, p. 283.

3 *De la Démocratie en France*, p. 13. Cf. dans le Vᵉ *Essai sur l'Histoire de France* : « L'homme refuse de s'humilier absolument devant son semblable, dès qu'ils se voient tête-à-tête et de près. »

Célestin Bouglé

habitent une même terre. Un pas plus grand encore est franchi le jour où l'on n'exige plus, pour reconnaître à un individu l'« existence juridique, qu'il soit né dans les limites d'un territoire déterminé. Or la mobilité même de ceux avec lesquels nous entretenons des relations réglées ne nous aide-t-elle pas à opérer cette extension du Droit ? Ce mouvement incessant, qui nous présente des hommes à chaque moment nouveaux, brouille les distinctions sociales en même temps que les distinctions locales.

En ce sens, Gambetta avait raison de célébrer les vertus républicaines de la locomotive. Et c'était Thiers qui se trompait en déclarant que deux morceaux de fer mis à côté l'un de l'autre ne changeraient pas grand'chose au monde. Ils sont capables d'y changer beaucoup, puisqu'ils changent les habitudes d'esprit des hommes. Ce n'est sans doute pas d'elle-même, par sa puissance mécanique, que la vapeur favorise la démocratie. Mais, par l'intermédiaire des formes nouvelles qu'elle donne à la vie sociale, elle contribue, à sa façon, à l'évolution des idées modernes. Les inventions scientifiques et leurs applications industrielles aboutissent souvent ainsi, par ce détour, à de profondes transformations morales. L'habitude, que seule notre civilisation nous permet, de vivre au milieu d'un nombre considérable d'individus qui changent, et défilent en quelque sorte devant nous pour se substituer les uns aux autres dans les mêmes places, n'est sans doute pas étrangère à l'assouplissement de nos conceptions juridiques : elle nous prépare à reconnaître des droits au premier « passant » venu, c'est-à-dire à tous les êtres, quels qu'ils soient, qui sont hommes.

Ainsi, sous quelque aspect qu'on la considère, l'augmentation de la quantité sociale semble bien faite pour conduire les esprits, par des voies d'ailleurs nombreuses et différentes, à l'égalitarisme. En nous découvrant ces voies, la déduction psychologique nous autorise à penser qu'il y a, dans le rapport établi tout à l'heure par l'induction historique, autre chose qu'une coïncidence : nous avons le droit de conclure que l'accroissement incessant des sociétés occidentales a contribué à les rendre égalitaires.

Chapitre II
La qualité des unités sociales.

Deuxième partie

Homogénéité et hétérogénéité

Nous n'avons jusqu'ici pris en considération, pour classer les formes des sociétés et expliquer le caractère égalitaire de quelques-unes d'entre elles, que la quantité de leurs éléments ; ce n'est nullement à dire que nous déprécions *a priori* l'importance de leur qualité.

Des différentes propriétés des unités sociales, nous n'avons retenu que leur faculté de former des masses, de s'agglomérer plus ou moins étroitement, de se mouvoir plus ou moins aisément ; mais croit-on que, sous le prétexte qu'une science idéale ne se nourrit que de quantité, nous réduisions toutes les différences des sociétés à des différences de nombres, et toutes les causes de leurs évolutions à des accroissements, condensations, ou déplacements de masses ? Nous n'oublions pas que ces « unités sociales » sont des hommes, – des êtres vivants, bien plus, des êtres pensants, – et que leurs façons d'être, de vivre et de penser, ne sauraient être indifférentes aux sociétés qu'ils composent.

Et d'abord, par ces « qualités », quelles qu'elles soient, les unités sociales se ressemblent-elles ou diffèrent-elles ? Telle est la première question qu'il faut se poser si l'on veut classer les sociétés et déterminer les influences les plus générales auxquelles elles cèdent. Quelle que soit leur origine, leur fin, leur organisation, qu'elles soient famille, armée ou club, les sociétés ont ce caractère commun qu'il existe entre leurs éléments plus ou moins de ressemblances ou de différences. En un mot, ce que nous pouvons affirmer de plus général d'une société, après que nous aurons dit qu'elle est ou non volumineuse, dense, mobile, c'est qu'elle est *homogène* ou *hétérogène*.

Demandons-nous donc, de l'homogénéité ou de l'hétérogénéité sociale, laquelle des deux est favorable à l'égalitarisme ? Que nous apprend à ce sujet la psychologie, puis l'histoire ?

*

* *

Entre la qualité des unités sociales et l'égalitarisme, il semble qu'on saisisse plus aisément un rapport qu'entre l'égalitarisme et leur quantité. La réponse à la question posée parait simple : c'est

Célestin Bouglé

l'homogénéité, dira-t-on, qui prédispose les sociétés à accepter les idées égalitaires.

Ne faut-il pas, pour que nous traitions un homme en égal, d'abord qu'il puisse agir sur nous comme nous pouvons agir sur lui, que nous puissions ensuite, lorsque nous comparons ses actions aux nôtres, nous mettre en quelque sorte à sa place, qu'il y ait en un mot, dans notre esprit ou dans celui d'un tiers, possibilité de nous « substituer » l'un à l'autre ? Or l'hétérogénéité absolue de deux êtres semble leur interdire *a priori*, en même temps que la capacité d'agir l'un sur l'autre, la capacité de sentir l'un pour l'autre : elle leur défend, pourrait-on dire, en même temps que la réciprocité d'action, la réciprocité de compréhension ; elle empêche que, dans les jugements qui les comparent, ils se substitut l'un à l'autre. Plus au contraire leur similitude est grande, et plus cette substitution est aisée. Lorsqu'il a de vrais « semblables » à comparer, l'esprit n'a pas besoin d'effort pour user des mêmes poids et mesures. Par conséquent, en vertu de déductions psychologiques élémentaires, il semble que les sociétés les plus homogènes soient aussi les mieux faites pour être égalitaires.

Les choses sont en réalité plus complexes.

Il est indubitable que la ressemblance, même extérieure, des êtres nous invite à leur attribuer le même traitement. Par le jeu naturel de l'association des idées, l'identité, non pas seulement des pensées, mais celle des manières, celle même des physionomies de deux individus nous fait « préjuger » leur égalité.

En ce sens les similitudes anthropologiques inclinent les esprits vers les idées égalitaires.

Leur influence se trahit jusque dans les sociétés où le principe égalitaire est formellement méconnu, comme inversement dans celles où il est formellement reconnu, se trahit l'influence des dissemblances.

Ainsi, dans les sociétés esclavagistes, les maîtres s'interdisent de prendre des esclaves parmi les gens de leur race, ou du moins, s'ils en prennent, ils ne les traitent pas comme les esclaves ordinaires. Les Annamites asservissent les Laotiens ou les Cambodgiens, non les hommes de leur sang [1]. Chez les Hébreux, le traitement réservé

---

1 LURO, *Le pays d'Annam*, p. 231.

Deuxième partie

aux esclaves congénères était tout différent du traitement appliqué aux esclaves étrangers [1]. Le même Aristote à qui l'esclavage en général paraît chose toute naturelle, semble tenir l'asservissement des Grecs les uns par les autres pour une chose contraire à la nature [2]. Les Romains ne dépossédaient pas totalement les Italiens, et ne les réduisaient pas en servitude comme leurs autres vaincus ; c'est qu'ils retrouvaient chez eux, avec leurs habitudes et leurs dieux, leur race [3]. Que des différences juridiques absolues coexistent avec des ressemblances physiques sensibles, cela paraît toujours choquant, même aux sociétés fondées sur l'inégalité. – Inversement, chez celles-là même qui ont voulu prendre l'égalité pour principe constitutif, combien les sentiments anti-égalitaires sont-ils prompts à renaître, lorsqu'elles entrent en contact avec des races totalement différentes de leurs races ! On sait assez, par l'histoire des explorations ou le spectacle des colonies, combien il est difficile aux blancs de conserver l'idée que les noirs ont des droits, et sont des hommes comme les autres. « Tous ceux qui ont vécu longtemps au milieu des noirs, avoue Ed. Foâ [4], regrettent souvent que la traite n'existe plus. » Montesquieu avait donc raison : « Ils ont le nez si écrasé qu'il est presque impossible de les plaindre. » Ainsi, souvent, l'impression que produit sur nous l'aspect physique des hommes gouverne le jugement que nous portons sur leur valeur ; nous classons les gens « sur la mine ». Différence de caste, signifiait originellement différence de couleur (*varna*) [5] ; et tout le système des castes ne serait, suivant certains observateurs, que « la consécration sociale de l'échelle ethnographique » [6].

Du moins les différences ethnographiques ont-elles servi à justifier les inégalités sociales. Dans les sociétés où l'inégalité règne, on la déduit souvent de la différence des races. Platon justifie la hiérarchie qu'il veut établir dans sa République en rappelant la légende des races d'or, d'argent et d'airain. Inversement, dans les sociétés modernes, lorsqu'on voudra déroger à l'égalité des citoyens

---

1 DARESTE, *Études d'histoire du Droit*, p. 26.
2 Cité par RICHARD, *Essai sur l'origine de l'idée du Droit*, p. 123.
3 GIRAUD, *Droit Français au moyen âge*, p. 151.
4 *Le Dahomey*, p. 209. Cf. B. KIDD, *L'Évolution sociale*, p. 164.
5 V. SENART, *Les Castes dans l'Inde,* dans la *Revue des Deux-Mondes,* 1894, I, p. 110.
6 RISLEY résumé par SENART, *art. cité*

Célestin Bouglé

posée en principe, c'est l'idée de la diversité des types ethniques qu'on invoquera : l'anti-sémitisme ne déclare-t-il pas que « la question de race prime tout » ?

Qu'on ne croie pas d'ailleurs que seules des différences toutes physiques aient le privilège de retarder le progrès de l'égalitarisme ; l'importance sociale de distinctions encore extérieures, mais plus mobiles en quelque sorte que les différences congénitales, comme sont celles du vêtement, a souvent frappé les hommes. Avec quelle application l'inférieur n'a-t-il pas essayé, en tout temps, de ressembler extérieurement au supérieur – le supérieur de se distinguer extérieurement de l'inférieur [1] ! L'histoire des lois somptuaires est celle de la lutte de ces deux efforts parallèles et de sens contraire. Les partis combattants avaient l'un et l'autre le sentiment que l'identité des costumes empêcherait de maintenir longtemps l'inégalité des droits.

De ce point de vue, on aperçoit l'une des puissances révolutionnaires du progrès de la richesse ; le luxe est un des instruments qu'elle emploie pour briser les cadres sociaux : en permettant aux roturiers de « vivre noblement » elle diminue la distance qui les sépare des nobles. « Nos femmes se couvrent de pelleteries rares, dit une chanson populaire du XVe siècle ; elles sont parées comme des princesses : qui peut maintenant distinguer leur rang [2] ? » Et la chaire se plaint au même moment de la confusion des costumes, présage de la confusion des conditions : « C'est un bien mauvais signe que l'impossibilité, où l'on est maintenant de reconnaître la condition à l'habit. » [3] Diètes, États et Conciles qui interdisaient aux gens de basse origine l'or et les perles, le velours et la soie, les robes tailladées et le drap de plus d'un demi-florin l'aune, obéissaient donc, en quelque sorte, à l'instinct de conservation de l'inégalité : les privilégiés sentaient que les similitudes extérieures entraînent tôt ou tard les similitudes de traitement. – Ainsi s'explique ce fait que si souvent, dans l'histoire, l'obtention de certains droits est accompagnée de l'obtention d'un insigne, – anneau, collier ou bracelet, – comme la privation de certains autres est accompagnée de l'imposition d'une marque d'infamie,

---

1 V. BAUDRILLART, *Histoire du luxe.*
2 V. JANSSEN, *L'Allemagne et la Réforme,* trad., I, p. 363.
3 JANSSEN, *Op. cit.*, p. 368

Deuxième partie

– rouelle jaune ou voile bleu. L'absence de tout « signe distinctif », c'est-à-dire l'homogénéité extérieure des sociétés, aiderait donc, en ce sens, au succès de l'égalitarisme [1].

Que leur homogénéité interne, c'est-à-dire l'absence de toute dissidence, y doive contribuer plus encore, on le comprend aisément. – Et d'abord, si l'opinion tient un tel compte, lorsqu'elle compare les hommes, de leurs ressemblances ou de leurs différences extérieures, c'est ordinairement qu'elle prend celles-ci comme les manifestations de ressemblances ou de différences plus intimes. En Orient « un vêtement est une profession de foi » [2]. Nous concluons de l'assimilation superficielle à l'assimilation profonde, de la parenté des corps à la parenté des âmes. – L'influence des ressemblances intérieures est d'ailleurs assez puissante pour contrebalancer au besoin celle des différences extérieures ; ceux qui communient dans une même foi se sentent portés à oublier que la race ou l'habit les séparaient. C'est ainsi que, dans les sociétés inégalitaires, l'unanimité des croyances prépare les hommes à se traiter en égaux. En ce sens le christianisme fut bien une grande école d'égalité ; l'égale participation à ses sacrements mettait les serfs sur le même pied que les maîtres. « Les uns ont-ils été baptisés avec de l'eau et les autres avec du malvoisie [3] ? » De nos jours encore, dans ces deux grands Empires qui sont, moralement comme géographiquement, sur la limite de l'Europe, c'est l'adhésion à la religion d'État, c'est la prise du turban on le passage par les cuves orthodoxes qui confère tous les droits. Les Musulmans n'ont pas le préjugé de la naissance, et l'hétérogénéité des races ne les choque pas ; mais en revanche ils ne sauraient supporter l'hétérogénéité des religions. Leurs armées rassemblent des Arabes, des Kurdes, des Berbères, des Circassiens, mais ils rendent difficilement justice à un chrétien. Là même où l'égalité est proclamée avec la tolérance, qui ne sait que la dissemblance des convictions risque souvent d'entraîner des différences de traitement ? Dans combien de pays d'Europe le juge est-il obligé de rappeler au témoin chrétien qu'il doit dire la vérité, même si elle est favorable à un Juif ? Tous ces

1 V. ce que dit TAINE (*Les Origines de la France contemporaine*), du rapprochement du bourgeois et du noble : « Aux approches de 1789, on aurait peine à les distinguer dans la rue. »
2 A. LEROY-BEAULIEU, *Israël chez les nations*, p. 356.
3 GEILER DE KEISERBERG, cité par JANSSEN, *loc. cit.*

Célestin Bouglé

exemples ne prouvent-ils pas que le spectacle des dissemblances, extérieures ou intérieures, innées ou acquises, qui séparent les hommes, n'est pas propre à leur inspirer l'idée de leur égalité ?

Par là s'expliquent certaines critiques que les hommes d'action adressent parfois à cette idée : « Conception de théoriciens qui n'ont pas vécu, rêve *d'umbratiles* ! Qu'on jette les docteurs de l'égalité au milieu d'êtres totalement différents d'eux par les idées, les mœurs, la conformation anatomique elle-même, et l'on verra ce que deviendra, sous l'assaut des sentiments éveillés par de telles impressions, leur idée générale des droits de l'humanité ! Si la philosophie proclame si facilement l'égalité des hommes, c'est qu'à vrai dire elle ne les connaît pas ; on ne conçoit si aisément leur égalité que parce qu'on n'a pas senti leur hétérogénéité. »

Devons-nous donc conclure de tout ceci que l'homogénéité absolue des groupements est la condition nécessaire et suffisante de leurs tendances égalitaires, et que ceux où les individus comptent le plus de ressemblances, tant extérieures qu'intérieures, sont aussi ceux, où il y a le plus de chances pour qu'ils se considèrent comme égaux en droit ?

Bien loin de là. Nous savons déjà, d'abord, que l'étroitesse des cercles sociaux, parce qu'elle n'est pas propice au développement de l'idée de l'humanité, est un obstacle à l'expansion de l'égalitarisme. Mais les formes sociales s'impliquent. Si donc nous prouvons que l'homogénéité maxima des sociétés leur impose en quelque sorte un minimum de volume, nous aurons fait pressentir qu'il y a, dans l'homogénéité poussée à l'extrême, quelque chose de contraire à l'égalité.

Or n'a-t-on pas démontré que plus le nombre des individus qui composent une société grandit, plus les milieux aux influences desquels ils se trouvent soumis diffèrent, et plus par suite l'hétérogénéité de la société devient probable [1] ? Ou encore que, plus une société est dense, plus la nécessité de la différenciation s'y fait sentir » [2] ? En conséquence, une société ne peut grandir sans perdre de son homogénéité. D'où il suit que l'homogénéité absolue des cercles sociaux parce qu'elle entraîne leur étroitesse, s'oppose indirectement à ce que l'idée des droits de l'humanité y pénètre.

1 V. SPENCER, *Premiers Principes*, p. 455. (F. Alcan).
2 DURKHEIM, *La Division du travail social*, p. 294 sqq.

Deuxième partie

Elle s'y oppose d'ailleurs directement s'il est vrai que, en raison même de son homogénéité parfaite, une société a toutes les chances possibles d'être fermée, exclusive, et de modeler à son image, fermés et exclusifs, les esprits qu'elle rassemble. En effet, si nous n'entretenons de relations réglées qu'avec des reflets de nous-mêmes, avec des frères qui nous ressemblent tant par le corps que par l'âme, tant par les manières que par les croyances, c'est à l'ensemble de tous ces caractères que se trouvera liée pour nous l'idée même du droit – nous ne reconnaîtrons d'existence juridique qu'à ceux qui nous représenteront cet ensemble. Or plus il sera complexe, et plus le groupe sera homogène ; mais plus aussi il sera difficile à ses membres de rencontrer, jamais, en dehors de lui, un semblable. Le signalement social, dans un groupe absolument homogène est, par définition trop chargé pour que la combinaison des traits de toute sorte qui le constitue ait quelque chance de se retrouver en d'autres groupes. Ne disons pas avec M. Giddings [1] que les groupes eux-mêmes sont d'autant plus différents, qu'à l'intérieur de chacun d'eux, les individus sont plus semblables ; car les individus y peuvent être rangés, coordonnés ou subordonnés suivant les mêmes lois. Mais disons avec M. Simmel [2] que plus les éléments d'un groupe sont semblables entre eux, plus ils ont de chances de différer, en bloc, des éléments d'un autre groupe ; moins ils en ont, par suite, d'être portés à les tenir pour des semblables, membres comme eux-mêmes d'un groupement plus large qui serait l'humanité.

Que si, au contraire, dans une même société, les individus diffèrent davantage par le sang, les habitudes, les idées, les fonctions, il devient vraisemblable que, dans les sociétés différentes, des individus se retrouveront semblables par les fonctions ou les idées, les habitudes ou le sang. Ces similitudes *extra-muros*, intersociales, aideront les esprits à franchir les murs de la cité : ils reconnaîtront plus aisément l'homme dans l'étranger. En un mot, la diminution de l'homogénéité intrinsèque des sociétés entraînera celle de leur hétérogénéité extrinsèque, et contribuera par là à cet élargissement de la « conscience de l'espèce » qui est une des conditions du succès de l'égalitarisme.

---

1 *The principles of sociology*, p. 170.
2 *Ueber sociale Differenzierung*, p. 45-55.

Célestin Bouglé

D'ailleurs, abstraction faite des ressemblances qu'il établit entre membres de sociétés différentes, l'accroissement de l'hétérogénéité intérieure d'une société doit par lui-même élargir ses concepts sociaux. C'est une loi de la formation des idées qu'elles deviennent plus générales à mesure que les objets qu'elles embrassent deviennent plus variés. Dans notre esprit comme dans la réalité, l'accroissement des « variétés individuelles » efface les limites des « espèces » en constituant des « genres » plus larges. Ainsi, dans les sociétés, l'accroissement des variétés individuelles doit favoriser la constitution de l'idée du genre humain [1]. Plus les individus avec lesquels nous vivons en leur reconnaissant des droits sont différents, et plus se restreint le nombre des caractères que nous exigeons d'un individu pour lui reconnaître des droits : en termes de logique nos idées juridiques ont moins de compréhension par cela même qu'elles prennent plus d'extension. L'habitude d'entretenir des relations socialement réglés avec des êtres assez différents de nous, telle qu'une société hétérogène doit l'imposer, ne peut manquer de nous faire un esprit moins exclusif, plus tolérant, plus prêt enfin à accepter l'idée du prix de l'humanité, et par suite, dans la mesure où ces deux idées sont connexes, celle du prix de l'individualité.

Il y a, d'ailleurs, plus d'une raison pour que, dans les groupes très homogènes, les droits propres à la personne soient formellement méconnus. L'homogénéité absolue fait les sociétés non pas seulement fermées, mais compactes, non pas seulement exclusives, mais oppressives. Dans les groupes parfaitement homogènes, la force des sentiments collectifs est telle qu'ils ne peuvent tolérer aucune divergence particulière. On en a donné les preuves presque matérielles, en comparant les Droits de nos sociétés individualistes avec les Droits de ces sortes de sociétés [2] ; tandis qu'elles ignorent presque le droit contractuel qui règle les rapports des intérêts et mesure les droits réciproques des individus, le droit répressif, destiné à faire respecter les croyances collectives, y règne en maître. « L'individu ne s'y appartient pas. » *Agitur, non agit.* Les personnalités, par cela même qu'elles ne diffèrent pas les unes des autres, ne s'opposent pas les unes aux autres. Parlant des

1 Cf. SIMMEL, *op. cit.,* chap. III.

2 V. DURKHEIM, *op. cit.,* chap. II et III. Cf. de nouvelles confirmations de ces vues dans MASQUERAY, *Formation des cités chez les populations sédentaires de l'Algérie,* p. 77, et dans LURO, *Le pays d'Annam,* p. 230.

Deuxième partie

Slaves du Sud réunis en zadrugas, Guy Coquille [1] disait que « par fraternité, amitié et liaison économique, ils font un seul corps ». L'étude des croyances propres aux sociétés primitives, que leur grande homogénéité distingue des civilisées, tendrait à prouver que leurs membres se considèrent comme faisant en quelque sorte partie d'une seule chair [2]. On pourrait dire qu'une seule âme les mène, tant leurs âmes particulières pensent à l'unisson. Responsabilités collectives, propriétés communes, autorité sociale despotique, activités individuelles altruistes, tous ces traits, par lesquels se ressemblent les sociétés fortement homogènes, nous prouvent assez que l'individu n'y est nullement, comme le voudrait l'égalitarisme, tenu pour une cause par soi ni pour une fin en soi.

Que les individus avec lesquels nous vivons en société soient au contraire essentiellement différents, nous ferons plus naturellement le départ entre ce qui revient à la collectivité et ce qui appartient à la personnalité. Dans une société hétérogène, le prix du « quant-à-soi » apparaît, et l'ordre social est obligé de respecter les libertés individuelles. Rappelons-nous qu'il faut distinguer entre l'égalité et la fraternité : l'idée de l'égalité des droits [3] – on l'a observé justement – implique celle d'une opposition de prétentions. Il faut, pour que nous pensions à équilibrer leurs prétentions qui s'opposent, que par leurs différences mêmes les personnalités se soient posées les unes en face des autres. C'est l'hétérogénéité, non l'homogénéité des sociétés qui fait surgir l'individualisme. « À un certain point de civilisation, il y a trop de pensées diverses, de fois différentes, de sciences inégales, de morales particulières et d'éducations dissemblables. En cet état un besoin naît, qui est que notre façon d'être ne nous soit pas imposée par autrui. Après avoir longtemps contesté, les hommes finissent par reconnaître cette nécessité sociale et par céder à chacun sa part, plus ou moins généreusement mesurée, de liberté de penser, de croire, d'écrire, de vivre et de s'élever à sa guise. La communauté y perd, l'individu y gagne [4] ». Il semble que, par cela même que nous voyons se multiplier les différences individuelles, nous considérions chaque

1 Cité par DARESTE, *Études d'Histoire du Droit*, p. 245.
2 V. *L'Année sociologique*, 1re année (1898). Article de M. DURKHEIM, sur la *Prohibition de l'Inceste*. (F. Alcan).
3 RICHARD, *op. cit.*, p. 160.
4 FAGUET, *Politiques et Moralistes du XIXe siècle*. Avant-propos, p. VIII.

Célestin Bouglé

individu comme un être original, nous respections en lui « ce que jamais on ne verra deux fois », nous lui reconnaissions enfin une valeur incomparable et en ce sens égale à celle des autres. « Par cela qu'un individu est quelque chose de tout particulier, dit M. Simmel [1], il devient égal à n'importe quel autre. » C'est ainsi que, du sein de leur extrême dissemblance, peut renaître le sentiment de l'égalité des personnes.

Ces considérations permettent peut-être de juger une théorie qui a vite fait fortune : celle qui veut que fatalement la division du travail, condition nécessaire de tout progrès humain comme de tout perfectionnement biologique, entraîne l'inégalité. Assujettissant les membres de la société qu'elle transforme à des occupations totalement différentes, n'a-t-elle pas pour résultat d'introduire entre eux des différences d'idées en même temps que d'habitude, et peut-être même, – s'il est virai que les modifications qu'elle impose sont susceptibles de se transmettre héréditairement, – des différences de races [2] ? Sir Robert Peel [3] disait, en 1806, que les progrès de la mécanique avaient créé une race d'hommes supplémentaire. À l'origine des castes, les distinctions professionnelles accompagnent, et peut-être même précèdent les distinctions anthropologiques. Dans les sociétés comme dans les organismes, la division du travail est mère du polymorphisme, c'est-à-dire de l'inégalité [4].

Mais les réflexions qui précèdent nous l'ont fait comprendre : qui dit hétérogénéité des occupations, des idées, des facultés mêmes mentales ou physiques, n'a pas dit encore inégalité des droits ; et prétendre que la division du travail impose l'inégalité aux sociétés comme elle produit le polymorphisme dans les organismes, C'est méconnaître le caractère psychologique des unités sociales : le milieu social agit sur elles non pas seulement par les transformations quasi-mécaniques qu'il leur impose, mais encore et surtout par les idées et les sentiments qu'il leur inspire.

---

1 *Sociale Differenzierunq*, p. 56.

2 Cf. SCHMOLLER, in *Jahrbuch für Gesetzgebung...*, XIII et XIV, p. 1003-1074, 45-105. Discuté par BÜCHER, *Die Entstehung der Volkswirtschaft*, p. 340-346.

3 Cité par BOUTMY, *Le développement de la Constitution et de la Société politique en Angleterre*, p. 308.

4 V. PERRIER, *Les colonies animales*, p. 216. Pour l'extension de cette théorie, voir RICHARD, *La Sociologie ethnographique et l'histoire*, dans *la Revue philosophique*, t. XL, 1895.

Deuxième partie

Il est certain que là où une division du travail rudimentaire ne différencie, dans la société, que trois ou quatre groupes fermés, à l'intérieur desquels les individus restent étroitement semblables, cette scission du tout en sections intrinsèquement homogènes ne saurait être favorable à l'égalitarisme. Le spectacle d'un pareil sectionnement risque bien plutôt de faire régner dans la société l'idée qu'il y a des classes, des espèces différentes d'hommes, ne possédant pas les mêmes valeurs et ne devant pas jouir des mêmes droits. – Mais si, bien loin d'être rudimentaire, la division du travail, comme il arrive dans les sociétés civilisées, est poussée à l'extrême, et qu'au lieu de répartir les individus en séries aussi nettement distinctes les unes des autres qu'elles sont intérieurement homogènes, elle les différencie en quelque sorte chacun à chacun, et efface les types collectifs pour mettre en relief les types individuels, alors le nombre même des variétés qu'elle engendre nous empêche de penser les hommes par classes ou par espèces. En ce sens, ne dirait-on pas que si un peu de différenciation nous éloigne de l'égalité, beaucoup nous en rapproche ?

D'ailleurs, et plus directement, par les sentiments qu'elle inspire aux individus qu'elle distingue comme par la façon dont elle les tient liés, la division du travail rend leur égalisation nécessaire. On ajustement remarqué qu'elle n'est pas seulement un principe d'opposition, mais un principe d'union [1]. Elle cimente les sociétés, bien loin qu'elle les disloque. La solidarité qu'elle y fait vivre est seulement d'une espèce nouvelle. Tandis que la solidarité « mécanique » repose sur la similitude des individus, cette solidarité « organique » repose sur leur différence. C'est justement parce qu'ils sont très différents qu'ils ne peuvent plus se passer les uns des autres. Plus les fonctions qu'ils se distribuent pour le bien de l'ensemble sont divisées, et plus ils sont unis. – Mais plus il importe du même coup, pour que cette union dure, qu'ils se traitent en égaux. La division du travail ne saurait associer intimement les hommes sans les égaliser.

D'abord, de cela seul que le bien de l'ensemble dépend de la collaboration des individus spécialisés, il suit que toutes leurs activités, si différentes qu'elles soient, sont également nécessaires au bien de l'ensemble. De ce point de vue, au regard du tout, les

---

1 C'est la thèse de M. DURKHEIM, dans *la Division du travail.*

Célestin Bouglé

spécialités les plus diverses sont assimilables, et les basses classes pourront rappeler leur importance sociale pour réclamer l'égalité des droits. Dans les sociétés où le travail se divise, les inférieurs ne tardent pas à crier aux supérieurs : « Que deviendriez-vous sans nous » ? En ce sens, c'est la différenciation même, condition de la collaboration, qui justifie l'appel à l'égalité.

De plus, dans une société très différenciée, les contrats sont la règle, puisque la distinction même de leurs métiers fait aux individus, de l'échange incessant, une loi nécessaire. Le même auteur qui nous assure que la division du travail entraîne « l'inégalité des conditions » remarque qu'elle exige « l'équité des échanges » [1] ; c'est avouer qu'elle suppose l'égalité des droits. Une société ne subsiste par les contrats et les échanges qu'à la condition que les choses échangées y soient bien équivalentes, et que les contrats formulés n'y soient pas léonins, c'est-à-dire que les sanctions y soient justement proportionnées aux actions, c'est-à-dire encore que les individus y soient tenus pour égaux [2]. Ainsi, par cela même que les sociétés sont hétérogènes, elles ont besoin d'égalité : leur ordre ne peut s'établir que sur ce principe, que chacun y sera traité « selon ses œuvres ».

Devons-nous donc conclure de tout ceci que l'hétérogénéité absolue des sociétés est la condition nécessaire et suffisante de leur égalitarisme, et que celles, où les individus n'ont plus rien de commun sont aussi celles où il y a le plus de chances pour qu'ils se considèrent comme égaux en droit ?

Le paradoxe est manifeste. Cette égalisation même, dont nous venons de prouver qu'elle est rendue nécessaire par la différenciation des individus coopérants, n'est rendue possible que par leur accord préalable, par une volonté de vivre en commun qui leur fait préférer à la lutte anarchique les conventions égalitaires. Ils vivent d'échanges et de contrats ; mais ces transactions individuelles supposent l'existence d'une association, bien loin qu'elles la créent. Gardons-nous de retomber à ce propos dans l'erreur cent fois énoncée qui « met la charrue avant les bœufs » : une société ne peut naître de contrats entre individus ; les contrats entre individus supposent au contraire, pour être valables et produire

---

1 PERRIER, *op. cit.*, p. 214.
2 Cf. DURKHEIM, *op. cit.*, p. 419-427.

Deuxième partie

un effet social, l'existence d'une société selon les règles de laquelle ils sont formulés et par la puissance de laquelle, une fois formulés, ils sont garantis. En ce sens la solidarité qui naît de la différence des individus a pour condition une solidarité autre, qui naît précisément de leurs ressemblances « Pour que les unités sociales puissent se différencier, il faut d'abord qu'elles se soient attirées et groupées en vertu des ressemblances qu'elles présentent [1]. »

Ajoutons que pour qu'elles veuillent rester groupées et cherchent un ordre social qui fasse à chacune sa juste part, il faut que certaines ressemblances aient continué de les unir et, comme le Dieu de Descartes recrée à chaque moment le monde, recréent à chaque moment l'association : le départ de ce qui revient à chaque individualité ne peut être effectué que par des individualités qui s'entendent, c'est-à-dire qui ont quelque chose de commun. Tocqueville relève justement la nécessité de cet accord instinctif et en quelque sorte involontaire qui résulte de la similitude des sentiments et de la ressemblance des opinions. « Il n'y a proprement société, ajoute-t-il, que là où les hommes considèrent un grand nombre d'objets sous le même aspect. » « La première condition du droit, dit de son côté M. Tarde, est une certaine similitude préalable entre les hommes qu'il doit unir [2]. »

Essayez de composer une société avec des êtres idéalement dissemblables, vous n'obtiendrez qu'une collection d'originalités irréductibles. Comment, et de quel point de vue les égaliser, s'ils sont réellement incomparables ? Pour estimer leurs différences, encore faut-il que vous les compariez d'un même point de vue, que les mêmes catégories leur conviennent, en un mot qu'ils soient reconnus comme des semblables. En ce sens la proportionnalité ne saurait être visée qu'à travers une certaine uniformité. Des êtres auxquels elle manquerait totalement ne se laisseraient même plus englober dans un seul genre : de ces individus originaux on ne pourrait même plus dire qu'ils sont également des hommes.

Il faut donc le reconnaître ; si l'homogénéité absolue d'une société nous empêche de voir l'individu, son hétérogénéité absolue nous empêche de voir l'humanité ; et, par suite, l'une comme l'autre serait contraire au succès des idées égalitaires. Nous avons déduit

---

1 DURKHEIM *op. cit.*, p. 308.
2 TARDE, *Les lois de l'imitation*, 2ᵉ édit., p, 342 et 335, en note.

Célestin Bouglé

alternativement les conséquences de l'homogénéité, puis de l'hétérogénéité ; force nous est de conclure que l'une ou l'autre, prise isolément et poussée à l'extrême, tendrait à ruiner l'égalitarisme, qui semblait pourtant, à un certain moment de cette dialectique, avoir besoin de l'une comme de l'autre.

C'est donc qu'il faut, comme le dit Platon en parlant de l'Être et du non-Être, de l'unité et de la multiplicité, prendre des deux mains. À la question que nous posions : « de l'homogénéité et de l'hétérogénéité sociales, laquelle des deux est favorable à l'égalitarisme ? », il faut répondre : « ni l'une ni l'autre exclusivement, mais toutes deux ensemble ». Leur collaboration achèvera l'œuvre qui, abandonnée totalement l'une ou à l'autre, péricliterait.

Ce n'est rien moins, en effet, que la conspiration de deux principes opposés qui est nécessaire pour abattre le plus sérieux obstacle à l'expansion de l'égalitarisme : l'idée de classe, d'espèce, de caste. Ce sont, nous l'avons vu, les distinctions collectives qui nous empêchent d'apercevoir les personnes et dans ce qu'elles ont de plus particulier et dans ce qu'elles ont de plus général ; or l'homogénéité comme l'hétérogénéité travaillent, chacune de leur côté, à effacer ces distinctions collectives, en multipliant ici les ressemblances et là les différences. Les barrières des classes, qui parquent les hommes en groupes d'inégale valeur, s'abaissent pour l'esprit qui voit, par-dessus leurs limites, les ressemblances s'accroître comme, entre leurs limites, les différences. Les habitudes d'esprit anti-égalitaires sont ébranlées à la fois par l'assimilation qui unit les membres d'un de ces groupes à ceux d'un autre, et par la différenciation qui oppose les uns aux autres les membres d'un même groupe.

Et c'est pourquoi, suivant toutes les vraisemblances psychologiques, les terrains les mieux préparés pour la semence des idées égalitaires sont ces civilisations où l'on rencontre le plus d'individus qui se ressemblent par certains côtés pendant qu'ils diffèrent par certains autres, – où l'assimilation s'étend en même temps que la différenciation s'y approfondit, – où l'hétérogénéité coexiste, en un sens, avec l'homogénéité.

*

* *

L'histoire vérifie-t-elle ces déductions ?

Deuxième partie

Et d'abord, puisque nous avons accordé que la composition ethnique d'une société peut, par l'entremise des sentiments réciproques qu'elle inspire à ses membres, la rapprocher ou l'écarter de l'égalité, que nous apprend l'anthropologie sur la composition ethnique des sociétés égalitaires ?

L'avenir est à l'unité de type du genre humain. – L'avenir est à la variété des types individuels [1]. – Telles sont les deux conclusions, contraires en apparence, que semble imposer aux anthropologues, qu'ils soient polygénistes ou monogénistes, l'analyse ethnique des groupes qui mènent le progrès. L'une et l'autre mettent un même fait en lumière : l'effacement des types spécifiques et collectifs. De l'une et l'autre il résulte qu'on ne rencontre plus, dans la civilisation occidentale, de groupes ethniques fermés, aussi nettement distincts qu'ils seraient intrinsèquement homogènes.

Déjà dans l'antiquité, les sociétés destinées à s'approcher le plus près de l'égalitarisme étaient aussi celles où le plus grand nombre de races se rencontrait. Si Athènes, plus que Sparte, fraie la voie de l'humanité, c'est peut-être aussi qu'elle entre en contact, par la mer et dans ses murs mêmes, avec plus d'étrangers [2]. En tout cas, de toutes les cités antiques, Rome fut la plus accueillante aux « Pamphyles ». Peut-être n'eut-elle jamais de race originale : on accusait le peuple romain de n'être qu'un « ramassis » de races [3]. Du moins son long développement devait être déterminé par l'accession dans la cité romaine d'éléments de toutes provenances [4]. À combien de types dissemblables ce même titre de citoyen romain devait-il être décerné ? Quelle singulière bigarrure de toutes les statures, de toutes les couleurs de cheveux, de toutes les formes de crânes devaient, offrir ces armées de l'Empire où les Hongrois fraternisaient avec les Espagnols, les Syriens avec les Francs, les Slavons avec les Bretons ? Comment de pareils spectacles n'auraient-ils pas élargi les idées romaines ? Si le droit romain, au lieu de rester un droit local et un droit de classe, devait être un droit humain et individualiste, l'hétérogénéité de ceux qu'il avait à faire vivre ensemble n'en est-

---

1 Cf. TOPINARD, *Éléments d'anthropologie générale*, p. 199. V. DE LAPOUGE, *Les Sélections sociales*, p. 175.
2 CRUTIUS, *Histoire* grecque, I, 16, 361 ; V, 179.
3 Cf. FUSTEL DE COULANGES, *La cité antique*, p. 425-428.
4 V. MADWIG, *L'État romain*, I, 18, 233 ; II, 250.

Célestin Bouglé

elle pas, pour une part, responsable [1] ? La quantité des étrangers avec lesquels Rome entrait en rapport l'obligeait à substituer, aux règles spéciales, des règles aussi générales que possible. Le nombre même des types différents auxquels le Romain devait reconnaître des droits l'habituait à l'idée que le droit n'est pas attaché à telle particularité spécifique, mais que l'homme, en tant qu'homme, est respectable. Est-ce un hasard si la ville où se forgeait pour le monde la notion du Droit universel et personnel était aussi le rendez-vous des races ? Cette promiscuité même prédestinait Rome à être le « champion de l'universalité » [2].

Que nos sociétés à leur tour soient constituées par des mélanges de races, c'est chose désormais acquise. L'assimilation des groupements sociaux aux espèces ethniques a pu servir certains intérêts ou certaines passions politiques, mais la science proprement dite paraît y renoncer décidément [3]. Elle reconnaît qu'entre race et nation il n'y a plus aucun rapport. Les races sont des conceptions, dit M. Topinard [4], les peuples seuls sont des réalités. Pour l'anthropologiste, « les peuples sont des dépôts d'alluvions, de provenance et de nature diverses, mêlés et brassés par le flux et par le reflux des événements ». Il y a longtemps qu'il n'y a plus de race pure, et l'impureté ethnique des nations augmente en même temps que leur civilisation même.

En Allemagne les Teutons sont croisés de Celtes et de Slaves. L'Angleterre est un amalgame de Bretons, de Saxons, de Normands, de Danois. La France est encore plus composite que toutes les autres ; la nation qui devait formuler les Droits de l'homme est aussi, on l'a répété souvent, « parente de toutes les races ».

Répondant aux craintes provoquées par le développement de l'immigration, M. Lagneau [5] fait remarquer que « notre nation, au point de vue ethnique, se compose d'Aquitains de race ibérique, comme beaucoup d'Espagnols, de Ligures de même race que

---

1 V. S. MAINE, *L'Ancien Droit*, p. 418. *Études sur l'Ancien Droit, et la Coutume primitive*, p. 162.
2 IHERING, *Esprit du Droit romain*, trad. MEULENAERE, I, p. 310.
3 V. ce qu'en dit SEGNOBOS, *Introduction aux Études Historiques*, p. 208, en note. Cf. MONOD, dans l'introduction à *L'Histoire du peuple anglais*, de GREEN, p. XVI.
4 *L'Homme dans la Nature*, p. 37-39.
5 *Bulletin de la Société d'anthropologie*, 1894, V, p. 431.

certains Italiens, de Celtes de même race que la plupart des Suisses, de Belges, de Germains, de Burgondions, de Francs, de même race que beaucoup d'Allemands et de Scandinaves ». Il ne nous est donc pas difficile de retrouver des frères chez les étrangers. La promiscuité européenne, cette « chimie des races » que déplore Gobineau, a pour premier résultat, en brisant la solidarité des groupements sociaux avec les espèces biologiques, de disséminer des « semblables », qui peuvent se reconnaître, de l'un et de l'autre côté des frontières. Les différences physiques collectives, qui pouvaient barrer la route aux sentiments égalitaires, s'affaiblissent et s'évanouissent d'elles-mêmes.

En ce sens, s'il est vrai que les similitudes ou les dissemblances extérieures sont capables d'influer sur nos sentiments et nos idées, la composition ethnique des sociétés modernes prépare les esprits au respect de l'humanité.

Les prépare-t-elle en même temps au respect de l'individualité ? La preuve en serait faite si était vrai que les sociétés civilisées sont aussi celles où les individus se trouvent, au point de vue anthropologique, les plus différenciés. Mais c'est ce qui est plus difficile qu'on ne la cru à constater directement. Broca avait affirmer que le volume des crânes augmente avec la civilisation ; mais après des observations plus nombreuses, sa loi est démentie [6]. De même, on a affirmé qu'avec la civilisation la différenciation des crânes augmente ; mais les observations ne sont pas assez étendues pour que la loi soit incontestée. Suivant M. Lebon [7], les différences de volume du crâne existant entre individus de même race sont d'autant plus grandes que la race est plus élevée dans l'échelle de la civilisation. Mais, suivant M. Topinard [8], l'inégalité de ces différences mêmes peut tenir à l'inégalité des séries de crânes comparées, et il est encore impossible d'affirmer « que les variations individuelles soient moins étendues dans les races inférieures que dans les races supérieures ». Si cinq crânes de Patagons possédés par le laboratoire de Broca sont identiques, trois cerveaux de Fuégiens décrits, l'un par Manouvrier et les deux autres par Seitz, diffèrent entre eux autant que trois cerveaux d'Européens pris au

---

6 V. DE LAPOUGE, Les *Sélections sociales*, p. 121.
7 *Les Sociétés*, p. 193.
8 *Éléments d'anthropologie*, p. 618.

Célestin Bouglé

hasard [1].

S'en rapportera-t-on, pour résoudre le problème, à l'examen de caractères en quelque sorte plus extérieurs et plus visibles que les dimensions céphaliques ? Ils sont en effet plus importants pour notre objet, s'il est vrai que les caractères les plus manifestes doivent aussi exercer la plus sensible influence sur l'attitude et la conduite des individus vis-à-vis les uns des autres.

Or les voyageurs ne sont-ils pas d'accord pour noter l'impression d'uniformité que leur donne le spectacle d'une foule de primitifs ? On l'a souvent répété : « Qui a vu un Indien les a tous vus. [2] » – Sans doute, mais ne sait-on pas aussi combien il faut se défier de ces sortes d'impressions, et que, pour un étranger, les différences entre les représentants d'un même type ne deviennent appréciables qu'à la longue ?

Toutefois, s'il n'est pas facile de reconnaître directement, à des signes objectifs, la diversité croissante des individus, il est possible de la démontrer : elle apparaît, en vertu des lois de la transmission héréditaire et de la combinaison des caractères, comme une conséquence forcée de ces mélanges de races universellement reconnus. On sait en effet que, plus les éléments générateurs diffèrent, plus il y a de chances pour que leurs produits soient originaux. Weissmann, de ce point de vue, a démontré les avantages de l'« amphimixie » pour la sélection : la dualité des producteurs est une cause de variations individuelles.

Or combien le nombre des variations probables n'augmente-t-il pas si les éléments générateurs sont eux-mêmes les produits de races différentes ? Si, en un mot, l'« amphimixie » se double de « panmixie » ? L'universel croisement a pour résultat d'augmenter les différences individuelles. Il les augmente d'autant plus que les variétés qu'il engendre sont relativement instables, difficilement transmissibles, et par suite n'arrivent pas à se constituer en espèces durablement distinctes. Par là s'explique ce fait que dans les sociétés « métisses », tandis que les races anciennes disparaissent, il ne se forme pas, à vrai dire, de races nouvelles. L'« anthropo-sociologie » peut donc chercher quels caractères anatomiques

1 *Bulletins de la Société d'anthropologie*, 1894 V, p. 605
2 MORTON, cité par TOPINARD, *L'Homme dans la nature*, p. 346, ULLOA, *cité par* DURKHEIM, *Division du travail*, p. 143.

Deuxième partie

se rencontrent le plus fréquemment dans les différentes couches des sociétés modernes, si la dolichocéphalie l'emporte ici et, là, la brachycéphalie [1] : elle ne prouvera pas que, correspondant aux distinctions de classes, des types collectifs différents se constituent en Europe, comme s'en sont constitués, dit-on, aux îles Sandwich ou au Dahomey [2]. Les temps sont passés où sans hésitation, du premier coup d'œil, on reconnaissait à la taille, à la couleur des yeux ou des cheveux, les supérieurs et inférieurs. La civilisation occidentale impose aux races qu'elle réunit la multiplication des différences individuelles en même temps que l'élimination des différences collectives : et en conséquence, par les effets moraux de ce processus biologique, elle prépare déjà les esprits à recevoir l'idée de l'égalité des hommes.

Mais, parce que les ressemblances ou les différences ethniques se laissent, plus aisément peut-être que toutes les autres, définir et mesurer scientifiquement, il serait injuste de les rendre seules responsables de l'orientation des idées sociales. Bien d'autres ressemblances unissent, et bien d'autres différences séparent les hommes, qui sont capables ou de renforcer ou de contrarier l'action des premières. L'importance sociale de l'acquis dépasse, et de beaucoup, celle de l'inné. L'humanité a la capacité de bouleverser les distinctions de la nature. Des cerveaux anatomiquement identiques porteront peut-être des idées toutes différentes, et des corps tout différents se cacheront sous des tenues identiques : les hommes ne se reproduisent pas seulement, ils s'imitent. Que l'imitation aille, comme le veut son théoricien [3], de l'intérieur à l'extérieur, du mental au physique, ou au contraire, comme nombre d'observations tendraient à le prouver de l'extérieur à l'intérieur, du physique au mental [4], – que l'on commence par imiter les façons de se vêtir, de s'abriter, de se nourrir avant d'imiter les façons de penser, ou inversement, – il est acquis que l'imitation, en transportant d'un individu à l'autre, à travers les milieux ethniques les plus divers non pas seulement quelques caractères insignifiants, mais les caractères les plus nombreux et les plus importants, transforme, à des degrés d'ailleurs divers, l'intérieur comme l'extérieur des hommes, leur

1 V. *Année sociologique*, I (1898). Art. de M. MUFFANG, p. 519-533.
2 Cf. SPENCER, *Principes de* sociologie, III, p. 406. E. FOA, *Le Dahomey*, p. 100.
3 TARDE, *Lois de l'Imitation*, p. 219- 239.
4 V. P. LAPIE, *Les civilisations tunisiennes*, p. 60, sqq. (F. Alcan).

Célestin Bouglé

physique comme leur mental. Il peut donc arriver qu'elle tienne tête à l'hérédité, qu'elle brouille ses cartes, qu'elle rende homogène ce que l'hérédité laissait hétérogène, et inversement, – et par suite rien ne prouve *a priori* qu'elle ait, comme l'hérédité, préparé dans les sociétés occidentales le règne de l'égalitarisme : qui sait si l'une ne travaille pas à détisser ce que trame l'autre ?

Force nous est donc d'examiner directement la nature et les résultats de l'imitation dans les sociétés qui marchent vers l'égalité.

Serait-il vrai, comme on l'a soutenu [1] que la puissance d'imitation va en décroissant avec la civilisation ? S'imiterait-on moins, par suite, dans les sociétés modernes que dans les sociétés primitives ? – Les distinctions qui permettent de répondre à ces questions ont été brillamment formulées. On imite moins ses ancêtres, mais on imite plus ses contemporains, même étrangers. On imite moins de gens en tout, mais plus de gens en quelque chose. En un mot, le règne de la *mode* se substitue au règne de la *coutume* [2].

Les conséquences de cette substitution sont évidentes. Les échanges d'imitations, plus rapides et en quelque sorte plus souples que les croisements biologiques, doivent agir, mais encore plus vite, dans le même sens : ils seront les destructeurs désignés des types collectifs ; aux groupes étroits de gens qui se ressemblent sous tous les rapports ils sont faits pour substituer les groupes indéfiniment élargis de gens qui se ressemblent par quelque côté, et en ce sens, – si nos déductions précédentes sont justes, – pour hâter la venue des idées égalitaires.

Aussi, suivant M. Tarde, la vraie cause de ce passage des sociétés du type aristocratique aux sociétés du type démocratique, que Spencer constate comme Tocqueville, serait dans la victoire de la mode sur la coutume. La lutte de la mode et de la coutume serait le secret de toutes les luttes entre les partis conservateurs et les partis libéraux. L'élargissement du champ de l'imitation précéderait partout la marche des idées vers la démocratie. « L'habitude chaque jour plus générale de prendre exemple autour de soi, dans le présent, au lieu de prendre exemple exclusivement derrière soi, dans le passé... produit l'uniformité vaste des idées et des goûts, des usages et des besoins qui rend possible, puis nécessaire, non

1 BAGEHOT, *Lois scientifiques du développement des nations,* p. 115 (F. Alcan).
2 TARDE, *op. cit.,* chap. VII

Deuxième partie

seulement la fusion des peuples assimilés, mais encore l'égalité des droits et des conditions, c'est-à-dire la similitude juridique entre les citoyens de chaque peuple devenus semblables sous tant d'autres rapports. [1] » Le triomphe de la mode serait donc l'avant-coureur de l'égalitarisme.

Et, de fait, on se souvient qu'à Rome, l'époque où l'idée d'un Droit naturel prend corps est aussi celle où, avec toutes les races, toutes les pratiques et toutes les croyances s'entrecroisent et se mêlent. Usages grecs ou cultes orientaux, les importations de l'étranger, usurpant la place des traditions familiales, marquent chacune des étapes de l'élargissement de l'esprit romain. – Et quant à nos sociétés modernes, où la fréquence et la rapidité des communications sont centuplées, qu'elles soient traversées de courants d'imitation encore plus larges et plus nombreux, ce n'est plus à démontrer : il n'y a qu'à ouvrir les yeux sur l'Europe pour noter, en même temps que les progrès de la démocratie, les progrès de l'assimilation par la mode.

Il est vrai que le même observateur qui attire notre attention sur les progrès de la mode nous fait aussi remarquer que toute mode tend, par une nécessité intime, à se contracter et à se cristalliser en coutume. Un rythme, rendu sensible par une histoire à vol d'oiseau des gouvernements des législations, des religions, de la technique, tend, suivant M. Tarde, à naturaliser les importations, à donner à l'usage venu de l'étranger la force d'une pratique autochtone, et à nous ramener ainsi du cosmopolitisme ou traditionalisme [2]. – Ce retour de la mode à la coutume résulte-t-il d'une loi d'évolution nécessaire ? ou au contraire, comme le pense M. Durkheim [3], une loi d'évolution nécessaire veut-elle que toute société qui s'est une fois soustraite à l'autorité de la tradition y reste soustraite à jamais ?

Entre ces deux « lois d'évolution »nous n'avons pas besoin de choisir ici. Il nous suffit de constater que, dans la civilisation qui nous occupe, – celle qui commence à marcher vers l'égalitarisme, – les individus en rapport sont trop nombreux et leurs rapports trop fréquents pour qu'on puisse espérer, ou craindre de si tôt un arrêt, et comme une sorte de pétrification de leurs imitations réciproques.

---

1 Op. cit., p. 332.
2 TARDE, *op. cit.*, p. 270.
3 *Division* du travail, p. 330.

Célestin Bouglé

Nous pouvons donc retenir que la nature de l'imitation qui porte d'homme en homme, dans les sociétés modernes, les habitudes et les croyances, est bien telle qu'elle les pousse vers l'idée des droits de l'homme ; car il est clair que la mode y gagne tous les jours sur la coutume.

Mais ne se cache-t-il pas, dira-t-on, au sein de la mode même, un germe d'inégalité ? Le sens commun nous rappellera qu'une mode a pour conséquence d'effacer les différences de ceux qui la suivent, et d'autre part, de les distinguer, en bloc, de ceux qui ne la suivent pas. Par là n'aboutit-elle pas à effacer l'individualité comme à trancher les classes, – résultat doublement contraire à l'égalitarisme ?

À quoi il faut répondre que la multiplicité et la variabilité des modes neutralisent ces conséquences.

Il est bien vrai qu'en suivant une mode nous nous enrégimentons ; nous masquons notre personnalité sous un caractère qui ne nous appartient pas en propre ; nous portons une « lettre sociale ». – Mais, en suivant une autre mode, c'est une autre lettre que nous portons ; et cela même empêche que notre personnalité s'efface absolument. Ainsi, de la multiplicité des sujétions, renaît la liberté. Sous le règne de la coutume, c'est-à-dire lorsque nous imitons un petit nombre d'individus en tout, nous faisons corps avec la collectivité, notre individualité disparaît. Mais elle reparaît sous le règne de la mode, lorsque nous imitons un grand nombre d'individus en quelque chose : il n'y a plus dès lors de type collectif qui absorbe le nôtre. Les combinaisons d'imitations multiples qui se coupent en un même point, c'est-à-dire se rencontrent dans une même personne, n'ont guère de chances de se répéter. L'originalité ressort de l'entrecroisement même des modes. Et c'est pourquoi, si « tyrannique » que soit l'empire de la mode, on ne le voit pas, comme celui de la coutume, oblitérer jusqu'à l'idée de la personnalité.

D'autre part, il est vrai encore que suivre une mode, c'est chercher à se distinguer de certains hommes en s'assimilant à certains autres. On a finement remarqué [1] que la mode satisfait à nos deux tendances contraires : l'esprit d'imitation et l'esprit de contradiction. Elle nous permet de nous opposer en imitant. Si

1 SIMMIEL, *Psychologie der Mode.*

Deuxième partie

nous adoptons une mode, n'est-ce pas afin que, du premier coup d'œil, on nous range dans une certaine catégorie et non dans une certaine autre ? Ainsi s'explique le perpétuel devenir et l'instabilité essentielle de la mode [1] : les gens qui veulent être : « distingués » s'empressent de la quitter dès qu'elle devient « commune ». – Mais c'est cette variabilité même des modes qui, en même temps que leur multiplicité, limite l'influence anti-égalitaire de la mode. Ce changement perpétuel nous fait voir les mêmes modes portées par des individus très différents, et des modes très différentes par un même individu. D'où il résulte que les signes distinctifs que la mode fait passer d'un homme à l'autre se détachent de plus en plus aisément, à nos yeux, de ceux qu'ils ne recouvrent que pour un jour. L'esprit qui a vu se succéder tant d'assimilations différentes se déshabitue de juger les gens sur l'étiquette qu'ils prennent, et, comme le veut l'égalitarisme, essaie de découvrir, sous l'uniforme momentané des collectivités, la valeur propre à l'individu.

Ainsi, parce qu'elles sont multiples et parce qu'elles sont variables, les modes étouffent elles-mêmes le germe d'inégalité qu'elles recèlent. La mode multiplie les ressemblances sans exclure les variations individuelles. On la voit effacer les distinctions collectives traditionnelles, comme la panmixie efface les types spécifiques : mais pas plus que la panmixie ne constitue de nouvelles races distinctes, la mode n'arrive à constituer de nouvelles classes irréductibles. L'imitation universelle qui, comme le croisement universel, fait la loi à notre civilisation, a comme lui pour résultat d'y propager, par-dessus les groupements fermés et exclusifs, les ressemblances, en même temps qu'elle y raffine, à l'intérieur des groupements, les différences individuelles.

Par là s'expliquent les réflexions, en apparence contraires, qu'inspirent aux observateurs les spectacles contemporains. D'une visite à ces sociétés auxquelles Tocqueville demandait le modèle de la démocratie, l'un rapportera l'impression que tous les éléments d'une foule américaine se rassemblent [2], l'autre que chaque Américain a son régime, ses idées, ses goûts propres [3]. En comparant les classes les plus civilisées aux autres, celles du

---

1 SIMMEL, *art. cité.*
2 M. DUGARD, *La Société américaine*, p. 37.
3 P. BOURGET, *Outremer*, I, p. 14.

Célestin Bouglé

« monde » à celle du « commun », on nous dira, suivant les points de vue, tantôt que leurs membres sont ceux qui se ressemblent le plus, tantôt qu'ils sont ceux qui diffèrent le plus entre eux [1]. S'agit-il non plus seulement des habits ou des usages, mais des arts, on remarquera que les arts n'ont presque plus de patrie, qu'un peintre italien peint comme un belge, que les styles s'universalisent, – et d'autre part que chacun veut sa manière, qu'il n'y a plus d'écoles, que les artistes, divisés sur tout, n'ont plus qu'un parti pris commun, celui de l'individualisme [2]. Le mouvement des croyances provoque des observations analogues. Elles aussi tendent vers l'universalité ; les dogmes précis, apanages d'une secte, d'une cité, ou d'une nation font place peu à peu à des croyances vagues qui embrassent le monde, et, en même temps qu'elles s'élargissent, se fondent d'ailleurs les unes dans les autres ; c'est l'âge des « congrès de religions ». Mais au même moment et inversement, sous ces généralités conciliantes qui rassemblent tant de fidèles, mille théories particulières s'élèvent. Chacun se fait « son système » du monde. On ne met rien au-dessus de la liberté de conscience. Les croyances dernières apparaissent de plus en plus comme choses toutes personnelles. – si bien qu'on a pu dire, en un sens, qu'une seule foi commune nous reste, la religion de l'individu [3].

En un mot, historiens des croyances, critiques ; d'art, observateurs des mœurs aboutissent à deux thèses analogues à celles que nous trouvions, au début de ce chapitre, sous la plume des anthropologues : dans nos sociétés modernes tout s'unifie, en même temps que tout se diversifie [4]. L'homogénéité augmente en un sens, et en un autre l'hétérogénéité.

Entre ces deux thèses, nous le savons, la contradiction n'est qu'apparente, et les mouvements qu'elles formulent convergent <u>contre une même</u> idée : les espèces, les classes, les castes s'effacent,

1 .Cf. TARDE, *Lois de l'Imitation*, p. 58. – SIMMEL, *Sociale Differenzierung*, p. 48.
2 V. les articles d'ANDRÉ HALLAYS, dans les *Revues de Paris* du 15 février 1895 et du 1er mai 1896.
3 DURKHEIM, *Division du travail*, p. 187.
4 Cf. ce que dit M. FOUILLÉE (*Revue des Deux-Mondes*, 1895, II, p. 394). « À notre avis l'humanité approche aujourd'hui d'une troisième « période... où les ressemblances croissantes n'empêcheront pas les différences croissantes. » – De même M. BRUNETIÈRE (*Ibidem*, V, p. 626) : On ne se ressemblera pas tous ! Mais les différences n'auront « plus rien ou presque rien d'ethnique ; elles seront individuelles. »

Deuxième partie

tant par l'assimilation des individus qu'elles séparaient que par la différenciation des individus qu'elles enferment. Parce que les sociétés occidentales modernes sont celles où la plus large homogénéité coexiste avec la plus profonde hétérogénéité, elles sont aussi celles où le respect de l'humanité, devait coexister avec le respect de l'individualité, – pour le plus grand profit des idées égalitaires.

Chapitre III
La complication des sociétés

Nous nous sommes demandé quelle orientation devaient donner aux idées sociales le nombre et le rapprochement, les ressemblances et les différences des individus associés : posons-nous cette même question élargie, en prenant comme unités d'observation, au lieu des seuls individus, les groupements mêmes qu'ils constituent.

Mais quelles espèces de groupements doivent occuper la sociologie ?

Il a pu sembler, qu'elle n'avait affaire qu'à ces êtres complexes, peuples, nations, États, qui ont une histoire proprement dite, et dont la grandeur ou la décadence sont les épisodes frappants de l'évolution de l'humanité. La sociologie biologique n'avait de regards que pour ces « corps » sociaux qui seuls paraissent naître et se développer à la manière des organismes. Quant aux associations partielles de toute espèce, parfois éphémères et souvent volontaires, par lesquelles les membres des peuples entrent en rapports, elle les laissait volontiers dans l'ombre : il est plus difficile de leur appliquer les métaphores naturalistes.

En réalité, restreintes ou larges, éphémères ou séculaires, volontaires ou spontanées, toutes les espèces d'associations réclament l'attention du sociologue : syndicats ou armées, clubs ou églises, familles ou réunions d'actionnaires, chacun de ces groupements modifie, de par sa constitution, les sentiments et les idées des individus qu'il rassemble ; à chacune de leurs formes correspondent des effets propres.

Et d'abord, c'est du nombre même et des rapports de ces

Célestin Bouglé

groupements partiels qu'il faut tenir compte si l'on veut classer sociologiquement les grands êtres de l'histoire. Peuples, nations, États sont bien des unités, mais synthétiques ; la nature de ces ensembles sociaux dépend étroitement des relations réciproques des associations élémentaires, plus ou moins nombreuses, que l'analyse sociologique y distingue. De rares et nettement séparées, celles-ci deviennent-elles multiples et entrecroisées ? Nous disons que la complication sociale de leur ensemble augmente. Une société est très compliquée si les individus qui s'y rencontrent, au lieu d'appartenir à un seul groupe, peuvent faire partie d'un grand nombre de groupes en même temps.

Quelle influence la complication des sociétés ainsi définie peut-elle exercer sur l'idée qu'elles se font de la valeur des hommes ?

*

* *

L'histoire, d'abord, nous révèle-t-elle quelque rapport entre l'accroissement de la complication sociale et le progrès des idées égalitaires ?

De tous les traits caractéristiques des sociétés primitives, auxquelles manque l'idée d'un droit propre aux individus, s'il en est un qui semble établi, c'est l'absence de différenciation, et par suite l'absence de complication sociale.

Pour qu'une société soit compliquée, c'est-à-dire pour que des groupements partiels s'y entrecroisent, il faut d'abord qu'elle soit divisée, c'est-à-dire que des groupements partiels s'y distinguent : pas d'intersection possible sans délimitation préalable.

Or, malgré toutes les différences que ses espèces peuvent présenter, quels sont les caractères principaux de cette *gens* que les historiens reconnaissent partout à l'origine de notre civilisation ? – Elle réunit en elle toutes les fonctions qui seront plus tard distribuées entre des groupements spéciaux [1]. Les sociétés primitives sont des touts fermés, dont chacun veut se suffire. Chacun fabrique pour lui-même ce dont il a besoin, chacun a ses dieux propres, qui sont ses ancêtres. La famille antique idéale est à la fois État, Église,

---

1 C'est un des résultats acquis des recherches de FUSTEL DE COULANGES et de SUMNER MAINE sur *l'Ancien Droit*. Cf. les ouvrages cités de TÖNNIES, DURKHEIM, SIMMEL, BÜCHER, etc.

Deuxième partie

Armée, Atelier. Le père est à la fois roi, prêtre, général et patron. En conséquence peut-être l'homme primitif fait-il, toutes proportions gardées, plus de choses variées que le moderne ; mais il les fera toutes avec les mêmes compagnons, dans les mêmes cadres, sous les ordres d'un même chef. S'il n'est pas rivé à une seule occupation, il l'est à une seule association. Dire que l'absence d'une division du travail social entre groupes spécialisés est le signe distinctif des sociétés archaïques, c'est reconnaître que les individus qui les composent ne sauraient appartenir simultanément à des groupements divers.

Il est vrai que là où la division du travail commence, nous ne voyons pas l'égalitarisme apparaître ; au contraire. La distribution des tâches sociales une fois fixée, lorsqu'il est établi qu'une certaine catégorie de gens est faite pour parler aux dieux, une autre pour combattre les ennemis, une autre pour cultiver la terre ou manufacturer les produits, n'est-ce pas alors que l'idée de l'inégalité des castes inaugure son règne ?

C'est qu'autre chose est la différenciation, autre chose la complication sociale. Si une société ne peut être compliquée sans avoir été préalablement différenciée, la réciproque n'est pas vraie : elle peut rester différenciée sans devenir compliquée. C'est-à-dire qu'elle peut répartir ses membres en sections nettement distinctes, sans permettre à aucun d'entre eux d'appartenir à la fois à plusieurs d'entre elles. Une société qui interdirait *a priori* le chevauchement des individus sur les groupes se diviserait donc à l'infini sans se compliquer jamais. Ainsi, parce qu'une différenciation sociale coexiste souvent avec l'esprit anti-égalitaire, ne nions pas les rapports de l'esprit égalitaire avec la complication sociale : la multiplication des cercles veut être distinguée de leur intersection.

Il faut reconnaître, d'ailleurs, que celle-là entraîne le plus souvent celle-ci. Les cercles sociaux ne sauraient guère se multiplier à l'infini en se diversifiant sans arriver à se couper. Plus, dans une même société, augmente leur nombre et leur variété, plus un même individu a de chances d'être englobé par plusieurs d'entre eux.

Si la société est tranchée en sections de même nature, à l'intérieur desquelles presque tous les besoins des individus qu'elles enrégimentent peuvent être satisfaits, alors il n'y a pas de raisons pour que les individus s'affilient à plusieurs groupes à la fois. Mais imaginez une société composée de groupements spécialisés, dont l'organisation est orientée vers une certaine fin, – les uns destinés par exemple à servir certains intérêts économiques, les autres à contenter certaines aspirations religieuses, ou certains goûts esthétiques, – alors il semble impossible qu'une société ainsi composée ne se complique pas. Lorsqu'en effet les associations partielles sont assez différenciées pour ne prendre les hommes que par un côté et ne satisfaire qu'à un de leurs besoins, il est naturel que ces mêmes hommes, ayant plus d'un besoin à satisfaire, tiennent à plusieurs associations. La réunion de différentes fins dans ma personne ne peut se concilier que d'une façon avec la division des moyens par lesquels, dans la société, ces fins se réalisent : il faut que je m'inscrive sur plusieurs listes à la fois et adhère à plusieurs « sociétés ». Ainsi sur le théâtre de la civilisation, on voit souvent passer et repasser les mêmes figurants, mais diversement groupés, et changeant de costumes suivant les situations. L'unité sociale peut faire partie de plusieurs organisations à la fois.

Ce n'est pas là une des moindres différences qui séparent la spécialisation biologique de la spécialisation sociale. Tandis que le progrès biologique, sauf exceptions accidentelles, asservit les cellules une fois spécialisées à un certain organe unique, le progrès social permet aux hommes de participer, pour la satisfaction de leurs fins diverses, à diverses associations. Dans les sociétés la complication marche ordinairement de pair avec la différenciation. Et c'est une des raisons qui empêchent celle-ci de porter nécessairement les conséquences anti-égalitaires qu'on lui attribue.

En fait, l'histoire de la dissolution des cités antiques, qui devait aboutir à une première révélation de l'égalitarisme, est aussi celle de leur complication croissante. Systématiquement, leurs réformateurs, – qui le plus souvent d'ailleurs, comme Solon ou Clisthène ou Servius, tiennent par leurs origines ou leurs occupations à plus d'un groupe, – y introduisent des divisions nouvelles. C'était, semblait-il, le moyen le plus propre à affaiblir l'esprit aristocratique : « Si l'on veut fonder la démocratie, dit Aristote [1], on fera, ce que fit Clisthène chez les Athéniens : on,

---

1 Cité par FUSTEL DE COULANGES, *La Cité antique*, p. 337.

Deuxième partie

établira de nouvelles tribus et de nouvelles phratries ; aux sacrifices héréditaires des familles on substituera des sacrifices où tous les hommes seront admis ; on confondra autant que possible les relations des hommes entre eux, en ayant soin, de briser toutes les associations antérieures. » Et en effet, au nom des fins politiques, militaires ou économiques, prenant comme principes de classement, l'origine ou le métier, l'habitation ou la richesse, les réformateurs des cités antiques y manièrent et remanièrent sans trêve la matière sociale, de telle sorte que les rapports de ses éléments ne pouvaient manquer de se compliquer.

Il est vrai que l'effort des démocrates devait tendre à briser définitivement les cadres anciens, et non pas seulement à les croiser par des cadres nouveaux ; ils voulaient non pas enchevêtrer deux ordres sociaux, mais substituer l'un à l'autre. Mais on sait l'impossibilité de pareilles substitutions, brusques et totales. L'histoire ignore les changements à vue. Les antiques organisations restent longtemps mêlées aux nouvelles ; entre l'innovation et la tradition, des compromis s'instituent, qui ont pour conséquence la complication sociale. Par exemple, la loi renouvelée laissera valoir, en matière religieuse, la compétence de « comices » qu'elle ne reconnaît plus en matière politique. Ailleurs, des distinctions effacées par la loi restent inscrites dans les mœurs, Il arrive que le souvenir des hiérarchies légalement bouleversées survit pendant des siècles. Bien longtemps « après que les divisions par familles ont cessé de s'imposer officiellement à l'organisation de la cité antique, les descendants d'un même sang reprennent, à de certaines fêtes, la conscience de leur parenté [1]. De même, le montagnard que son rang censitaire place dans les comices auprès de l'habitant des côtes n'oublie pas son lieu d'origine ni les relations qu'il y a contractées.

Ainsi, dans les cités réformées, les groupements territoriaux se surajoutent aux groupements familiaux, les groupements censitaires aux groupements territoriaux, les groupements militaires aux groupements censitaires bien plutôt qu'ils ne s'y substituent les uns aux autres. Des divisions simultanées, en vertu desquelles un même citoyen appartient en même temps, par des côtés différents, à différents groupes, y sont la conséquence

---

1 Par exemple, à la fête des Apaturies. Cf. CURTIUS, *Histoire grecque*, III, p. 494, et I, p. 286, 478.

Célestin Bouglé

naturelle des divisions successives qu'elles ont supportées : leur complication résulte de leurs révolutions.

Si l'on se rappelle que Rome, plus que toutes les autres, s'élargit jusqu'à recevoir en elle presque tout l'univers connu, on comprendra qu'elle devait être aussi plus compliquée que toutes les autres. Des groupements multiples, officiellement reconnus ou comme sous-entendus, devaient y résulter, non pas seulement des souvenirs des plus lointains ancêtres, mais de l'accession des contemporains les plus éloignés ; les associations d'origine étrangère venaient s'y mêler aux associations d'origine traditionnelle. On nous dit que plus de soixante peuples, divers, réunis à Lyon, élevèrent un autel à Auguste [1]. Ainsi les nouveaux « citoyens romains » de toutes provenances entraient dans les cadres de la société romaine, mais sans briser du même coup tous les liens de la race et du sol : ils se groupaient encore par « peuples » pour adorer un même dieu. Babel de groupements hétérogènes, l'Empire romain devait voir l'entrecroisement de classifications de toute nature et de toute date.

On sait, d'ailleurs, qu'indépendamment des liens quasi, naturels, comme ceux que tisse d'elle-même la communauté du sang ou du sol, les citoyens romains se forgeaient volontairement, pour les objets ou sous les prétextes les plus divers, des chaînes sociales de toutes sortes. L'histoire du développement des collèges et des sodalités en apporte la preuve.

Il est vrai que sous l'Empire, au moment même où s'élabore la notion d'un Droit égal pour tous, nous apercevons d'abord les efforts de l'État pour restreindre le nombre des associations partielles. À l'exception d'Alexandre Sévère, presque tous les empereurs rééditent des décrets contre elles. On sait, par les lettres de Trajan à Pline, combien ils les redoutaient. Gaïus, interprète de la doctrine officielle, écrit qu'« il y a très peu de motifs pour lesquels on permette d'établir de tels groupements ». – Mais, comme il arrive souvent dans l'histoire des institutions juridiques [2], la sévérité des lois n'est ici qu'un indice de la force des coutumes qu'elles voudraient enrayer : l'impossible en droit est souvent l'invincible en fait. Les collèges se sont beaucoup plus multipliés sous l'Empire,

---

1 STRABON, cité par LEVASSEUR, *Histoire des classes ouvrières en France*, I, 21.
2 Cf. GIRAUD, *Droit français au moyen âge*, p. 190. – FLACH, *Origines de l'ancienne France*, II, p. 35.

Deuxième partie

qui les poursuivait, que sous la République, qui les laissait libres [1].
À côté des corporations professionnelles et industrielles, comme
celle des fabricants de toiles de Lyon ou celle des nautes de la Seine,
foisonnent les groupements qui n'ont en vue, suivant la distinction
du Digeste, que « l'intérêt ou le plaisir de leurs membres ». Les
collèges qui réunissent les voisins, comme celui des Capitoliens,
à Rome, s'entrecroisent avec les collèges qui réunissent les gens
de même race, comme celui des négociants asiatiques à Malaga.
Les inscriptions montrent que non seulement en Italie, mais en
Gaule, mais en Orient, plusieurs associations avaient, leur siège
dans une même rue, sur une même place. La multiplicité en
même temps que la diversité de ces groupements nous permet de
supposer qu'un même individu appartenait à plusieurs d'entre eux.
Les Antonins prennent soin d'interdire qu'un même citoyen fasse
partie de plusieurs sociétés [2] ; c'est donc que la chose était usuelle.
Dans une société à la fois aussi antique et aussi ample que l'Empire
romain, la complication sociale ne pouvait manquer d'être grande.

Qu'elle doive être plus grande encore dans notre civilisation
moderne, rien n'est plus vraisemblable. – À vrai dire, nos
institutions n'en offrent pas, tout d'abord, la preuve frappante
qu'on pourrait en attendre. Dans la plupart des États modernes,
le nombre des sociétés existant juridiquement est relativement
restreint. Le droit de posséder, de contracter, d'ester en justice n'est
accordé aux sociétés qu'avec parcimonie. Nos Droits, à l'image
du Droit romain, n'aiment à traiter qu'avec des individus, et font
difficulté pour accorder la personnalité aux groupements. Mais
du moins, indépendamment de ces capacités juridiques que seule
une reconnaissance officielle peut leur octroyer, les associations ne
sont-elles pas libres de se former ? Sur ce point la législation des
divers pays d'Europe est loin d'être uniforme [3]. Si, chez les Anglo-
Saxons et les Flamands, la liberté d'association est une des libertés
« cardinales », en Allemagne toute réunion reste soumise, à la
haute surveillance de la police ; en France, lorsque plus de vingt
personnes se réunissent sans autorisation préalable, c'est un délit [4].

Mais en fait, « s'il fallait poursuivre et dissoudre toutes les

1 BOISSIER, *La religion romaine*, II, p. 250-290.
2 . V. MADWIG, *L'État Romain*, III, p. 152.
3 V. *Pandectes françaises, nouveau répertoire*, IX, p. 424 sqq.
4 Ceci était écrit avant la nouvelle législation française sur les associations.

Célestin Bouglé

associations qui fonctionnent sans autorisation, la moitié de la France serait condamnée [1] » Les moeurs font la loi aux lois. Un règlement qui résiste ouvertement à la pression des besoins sociaux est tourné, ou fléchit. Déjà certaines réformes des institutions, aux États-unis, en Angleterre, en Suisse, en Bavière, prouvent que beaucoup d'États s'apprêtent à se montrer moins avares de personnalités civiles [2]. En France, la jurisprudence corrige la sévérité du code. Elle admet pour les sociétés de fait, une existence de fait. La Cour de Cassation reconnaît à toute société autorisée, sinon la capacité de recevoir des libéralités, du moins la capacité d'ester en justice, – d'où suit la capacité de contracter. On sait enfin que des lois nouvelles facilitent la constitution des associations professionnelles. « Sous l'action combinée de la jurisprudence et des lois récentes, la concession de la personnalité civile s'étend peu à peu à toutes les associations ; il sera bientôt évident que le vieux principe est usé, et qu'il faut lui substituer le principe opposé de la personnalité de plein droit [3] », – Ainsi nos institutions mêmes, malgré leurs tendances premières, laissent apercevoir le progrès des forces sociales contre lesquelles elles ne peuvent lutter. Les États sont désormais incapables d'arrêter la marée montante des associations particulières. Qu'on mesure seulement d'un coup d'œil le développement irrésistible des *Trade-Unions* en Angleterre, des *Gewerk-Vereine* en Allemagne, des *Syndicats* en France, et l'on se rendra compte que la multiplication des groupements est un des traits caractéristiques de notre âge.

Toutefois, nous l'avons reconnu, la multiplication des cercles n'est pas, à elle seule, preuve suffisante de leur interférence ; parmi ceux qui se sont ainsi constitués, il en est peut-être qui ont pour caractère d'accaparer en quelque sorte les individus qu'ils englobent, de leur interdire, au moins pratiquement, toute relation sociale avec le dehors, de s'opposer par suite à la complication de la société en général ?

Or, n'est-ce pas justement, nous dira-t-on, le cas de ces groupements dont vous rappelez la multiplication ? *Trade-Unions, Gewerk-*

1 P. DARESTE, *La liberté d'association*, dans la *Revue des Deux-Mondes* du 15 octobre 1891
2 D'après PRINS, *L'organisation de la Liberté*
3 M. HAURIOU, *Précis de Droit administratif et de Droit public général*, 3ᵉ éd., p. 137.

Vereine, Syndicats, ce sont là des groupements professionnels : c'est par le nombre et l'importance des associations fondées sur les intérêts de métiers que se caractérise notre civilisation actuelle, dominée par le progrès de l'industrie. Mais l'identité du métier est bien faite pour imposer aux « compagnons », en même temps que l'identité des intérêts, celle des sentiments, des idées, des manières ; de nos jours surtout, dans l'état actuel de notre organisation économique, le métier absorbant tout le temps et toutes les forces de ceux qui l'exercent, c'est tout l'homme qu'il prend. N'est-il pas à craindre par là que l'homme d'un métier ne reste, forcément, *unius societatis,* et qu'il lui devienne de plus en plus impossible de nouer association en dehors de sa profession ? – En ce sens la multiplication des groupements professionnels, rendant chaque jour plus difficiles les mélanges et les croisements sociaux, limiterait, bien loin qu'elle le favorise, le progrès de la complication des sociétés.

Et il est vrai que les exigences de notre organisation économique, fondée sur la division du travail, et, parquant, trop souvent, l'homme dans la profession, empêchent la dissolution de la « conscience de classe ».

Toutefois, sans parler encore de tout ce qui peut limiter ces exigences propres, est-il vrai que ces influences soient, partout et toujours, aussi « isolantes » qu'on le prétend ? Notre organisation économique force les individus à se spécialiser tout entiers s'ils veulent subsister ? Mais il arrive aussi qu'elle les force, s'ils veulent subsister, à exercer plus d'une profession à la fois – elle bat en brèche, par là, les groupements professionnels exclusifs. Et qu'on ne croie pas que ce chevauchement des artisans sur les métiers soit un phénomène accidentel et négligeable. Suivant une statistique allemande [1], près de 5 millions d'habitants de l'Empire ont « plusieurs cordes à leur arc » ; plus de 3 500 000 ouvriers ou employés sont en même temps cultivateurs : au total il n'y aurait pas moins d'un tiers de travailleurs, dans l'Empire, à pratiquer, à côté de leur métier principal, un métier accessoire. Né de l'excès même de la division du travail, le « cumul des fonctions » accompagne souvent ainsi, comme pour en neutraliser certains effets, leur spécialisation.

---

1 V. BÜCHER, *Die Entstehung der Volkswirtschaft,* 2ᵉ édition, p. 252, 256

Célestin Bouglé

D'ailleurs, si, dans bien des cas, l'organisation économique moderne force les hommes à exercer simultanément plusieurs professions, plus souvent encore elle les forcera à les exercer successivement, D'après des observations faites sur les ouvriers anglais, qui paraissent sentir, plus promptement que les autres, les exigences du système de production actuel, le travailleur idéal, le travailleur de l'avenir serait celui qui serait, apte à changer de métier suivant les variations de la demande [1]. Marx l'avait remarqué ; la *Vielseitigkeit* devient de plus en plus nécessaire au travailleur ; l'état, économique de l'industrie tend de lui-même à substituer, à l'individu qui n'est que partiellement développé et ne sait exercer toute sa vie qu'une fonction de détail (*Theil Individuum*), l'individu développé intégralement, capable d'exercer tour à tour des fonctions différentes. En ce sens l'excès même de la grande industrie « mobilise » le travailleur ; et cette mobilité, autant que la variété des métiers exercés, l'empêche de s'enfermer exclusivement dans les cadres d'un groupement professionnel unique.

D'ailleurs, on méconnaîtrait étrangement les caractères que la civilisation impose tant aux besoins qu'aux activités des hommes, si l'on considérait comme seuls importants pour la vie sociale les groupements d'ordre économique. L'homme ne se laissera plus emprisonner dans le métier. Ceux-là mêmes qui attendent, des progrès de l'industrialisme, la restauration d'une organisation corporative reconnaissent que la corporation moderne ne saurait, comme l'ancienne, accaparer tout, l'individu [2]. De plus en plus les associations partielles, spécialisées, instituées en vue d'une fin déterminée et ne demandant à leurs membres que la part d'activité exigée par cette fin, remplacent les associations totales et absorbantes [3].

Les membres des ghildes du moyen âge avaient raison de s'appeler frères ; car cette fraternité n'est pas une alliance délibérément conclue en vue d'un certain but ; c'est une union de tous les instants, embrassant tous les côtés de l'homme. La ghilde est à la fois une société religieuse qui fait dire des messes en l'honneur de son

1 V. P. DE ROUSIERS, *Un ouvrier patron en Angleterre,* dans la *Revue de Paris,* du 15 mars 1895. Cf. MARX, *Das Kapital,* 3ᵉ édition, I, p. 503, 504

2 V. PRINS, *op. cit.,* passim.

3 C'est la thèse soutenue par GIERKE, Das Deutsche Genossenschaftsrecht, tome I ; cf. p. 450, 653, 904, etc.

Deuxième partie

saint patron, – une société mondaine, qui donne des fêtes et des banquets, – une société de secours mutuels, qui vient en aide à ses membres malades, volés ou incendiés, – une société de protection juridique, qui poursuit ceux qui ont lésé ses adhérents, – une société morale enfin, avec ses censeurs chargés de faire respecter les devoirs de camaraderie ou les devoirs professionnels [1]. C'est dire que l'homme tout entier lui appartient : le métier détermine les droits et les devoirs, les croyances et les habitudes ; c'est avec les mêmes compagnons qu'on travaille et qu'on mange, qu'on prie et qu'on s'amuse. Le compagnon moderne ne saurait être aussi esclave de sa profession. D'une manière générale, le perfectionnement de l'activité sociale entraîne, en même temps que la multiplication des associations, la limitation des demandes de chacune d'elles.

L'organisme le plus parfait est celui qui est capable d'exécuter le plus d'actes divers, et de ne mettre en branle, pour exécuter chacun d'eux, que juste les muscles nécessaires. De même, dans une société très civilisée, les associations deviennent de plus en plus nombreuses, mais chacune tend à préciser sa fin et à n'exiger que les portions des activités individuelles qui sont directement intéressées à cette fin même. Les modernes sont portés à demander, à tous les groupements, même à l'État, ce pour quoi ils sont constitués, et à mesurer en conséquence la part de liberté qu'ils leur aliènent. Avec la civilisation prédominent les associations « finalistes », volontaires ou contractuelles, dont chacune ne saurait interdire à ses adhérents d'adhérer à une autre. Leur variété augmente en même temps que leur nombre : ce ne sont pas seulement des intérêts économiques, ce sont des mobiles politiques, religieux, moraux, qui suscitent de toutes parts *Vereine*, sectes et partis. Et ainsi, au lieu qu'il soit enfermé dans une seule association exclusive et jalouse qui, en satisfaisant tous ses besoins, accaparerait toute son activité, une multitude de sociétés s'ouvrent à l'homme : à chacune d'elles il ne prête son activité que dans la mesure de ses besoins.

Qu'il soit difficile d'étayer cette conclusion par des statistiques, on s'en rend compte. Seules les associations d'ordre économique sont dûment dénombrées. Pour la plupart des autres, ou leur dénombrement est impossible, ou il a été jugé inutile. On pourra,

---

1 GIERKE, *op. cit.*, I, p. 225-230.

Célestin Bouglé

sur quelques points, prouver la multiplication d'un certain ordre de sociétés, celle par exemple des sociétés savantes [1], ou des sociétés charitables [2]. Ou encore, grâce aux autorisations qu'elles sont obligées de demander aux préfectures, on pourra relever, dans nos départements, la progression du nombre des associations constituées. Mais de pareils relevés, même étendus, laisseraient encore échapper la majeure partie des groupes dont nous sommes les points d'intersection.

Il faut se rendre compte en effet qu'un grand nombre des sociétés, et non des moins influentes, auxquelles nous tenons, n'ont ni charte, ni acte de naissance. Il en est, comme la famille ou la patrie, auxquelles on appartient sans le vouloir et dont on subit l'action sans le savoir ; c'est sans se nommer, pour ainsi dire dans l'ombre et le silence que beaucoup tissent leurs filets autour de nous. La province dont je suis, le « monde » où je vis, le public du journal que je lis, sont des groupements dont la mainmise sur ma conduite, mes goûts, mes idées est manifeste, mais ils ne sont pas officiellement constitués, ils n'ont pas demandé d'autorisation pour vivre, la statistique les laisserait échapper.

De plus, quand bien même elle pourrait compter tous les groupes qui se rencontrent dans l'Europe moderne, cela ne suffirait pas encore à prouver directement notre thèse, qui est, non pas seulement que les sociétés se multiplient, mais encore qu'elles s'entrecroisent. Pour le démontrer par la statistique, il faudrait que dans les dénombrements de la population, on pût demander aux citoyens et que les citoyens pussent déclarer, non seulement leur profession, mais tous les groupements auxquels ils tiennent.

À ces renseignements objectifs, qu'il est impossible de recueillir, peut-être un appel à l'expérience personnelle peut-il suppléer. Que

1 V. Le Journal de la Société de Statistique de Paris, avril 1897, et les Annuaires de la Charité. Dans un article de la Revue Universitaire (15 déc. 1898). M. JULLIAN commentant des renseignements fournis par le Comité des travaux historiques et scientifiques (Ministère de l'Instruction, publique) sur l'accroissement du nombre des Sociétés savantes, apporte à notre thèse cette confirmation : « C'est en effet, dans ce siècle et dans notre pays, le phénomène social le plus net et le plus général que les progrès ininterrompus des associations libres. Il faut remonter jusqu'aux premiers temps de l'empire romain pour constater un fait semblable, et pour trouver à ce fait des causes à peu près identiques. »
2 Nous n'avons pu effectuer ce relevé que pour 2 départements : les Côtes-du-Nord et les Basses-Pyrénées.

Deuxième partie

chacun de nous fasse, autant qu'il le peut, un examen de conscience sociologique, qu'il dresse le compte des sociétés grandes ou petites, anciennes ou nouvelles, spontanées ou volontaires dont il fait partie à quelque titre que ce soit, et par lesquelles il se trouve en relations, expresses ou tacites, actuelles ou virtuelles, avec les associés les plus différents, qu'il compare cet enchevêtrement de chaînes diverses à la rareté de celles que peut distinguer le primitif, enfermé dans son clan, – et il comprendra que si le progrès de notre civilisation nous entraîne vers l'égalitarisme, l'accroissement de la complication sociale – accompagne aussi le progrès de notre civilisation.

Comment cette complication des sociétés peut-elle hâter le succès de l'égalitarisme ! Il nous reste à en rechercher l'explication psychologique.

La forme sociale dont nous venons d'établir la réalité peut, d'abord, exercer sur le mouvement des idées une influence indirecte, par l'intermédiaire d'autres formes sociales qu'elle provoque et dont l'influence nous est déjà connue. Ne contribue-t-elle pas à modifier, soit la quantité, soit la qualité des unités sociales dans un sens favorable à l'égalitarisme ?

Par exemple, il est vraisemblable qu'une nation qui admet en elle et fait vivre ensemble les groupements les plus nombreux et les plus variés comprendra, toutes choses égales d'ailleurs, un plus grand nombre d'individus qu'un clan qui ne tolère aucune union partielle ; et plus les groupements distingués seront entrecroisés, plus aussi il y aura de chances pour que, entre les individus agglomérés, les contacts se multiplient, c'est-à-dire pour que la densité sociale augmente. On pourrait donc dire que la complication des sociétés, parce qu'elle accroît normalement leur densité, les prépare indirectement à la démocratie.

De même, cette complication ne doit-elle pas avoir pour résultat et d'effacer les distinctions collectives et, de multiplier les variations individuelles ? Parce qu'elle établit, dans un troisième groupe, des relations constantes entre les membres de deux groupes différents, elle contribue à les assimiler : elle unit leurs mains par-dessus les anciennes barrières et inaugure entre étrangers des ressemblances. D'un autre côté, parce qu'elle fait d'un individu le

Célestin Bouglé

point d'entrecroisement de cercles très nombreux et très divers, elle concourt à distinguer sa personnalité des autres. Suivant M. Simmell [1] de même que l'individualité d'une chose augmente à proportion du nombre des idées auxquelles elle participe, ainsi l'augmentation du nombre des groupes dont elles font partie accroît l'originalité des personnes : elles apparaissent comme des synthèses uniques, carrefours de groupes qui ne se rencontrent pas deux fois absolument les mêmes. – Et ainsi la complication sociale, aidant au raffinement des différences en même temps qu'à l'élargissement des ressemblances, conduirait indirectement, pour les raisons que nous avons déjà notées, à l'égalitarisme.

Mais il faut remarquer ce qu'ajoutent, à ces influences déjà analysées, les caractères propres à la forme sociale que nous venons de définir.

Si les ressemblances qui s'établissent entre individus, naguère répartis en masses toutes différentes, aident à la constitution de l'idée des droits de l'humanité parce quelles élargissent la « conscience de l'espèce », la complication de leurs associations y travaillera plus directement encore, en élargissant le concept même de société. Un groupement dont les membres appartiennent librement, en même temps qu'à lui-même, à une multitude d'autres, sera par définition moins exclusif et moins jaloux que celui dont les membres, comme emprisonnés, n'entretiennent aucune relation avec le dehors : dans un milieu où se rencontrent les représentants de tant de sociétés différentes, l'idée naîtra plus aisément d'un Droit général supérieur aux Droits étroits des sociétés particulières. La variété des corps dont les hommes deviennent, les éléments diminue en eux l'étroitesse de l'esprit de corps.

L'office des grands groupements intersociaux, quelles que soient d'ailleurs leur origine et leurs fins, les intérêts ou les sentiments qu'ils servent, est d'élargir ainsi les idées sociales. En ce sens, l'humanisme de la Renaissance, créant, par l'amour des lettres et des arts, de précieux traits d'union entre gens de races et de conditions différentes, préparait l'avènement de la personne humaine [2].

En ce sens le commerce, faisant la navette entre les mondes

---

1 *Ueber Sociale Differenzierung*. Tout un chapitre (p. 100-116) traite de l'entrecroisement des cercles sociaux.
2 V. BURKHARDT, *op. cit.*, passim.

Deuxième partie

étrangers et tissant, des uns aux autres, tout un réseau de relations complexes, méritait d'être appelé le destructeur de l'esprit des cités antiques [1]. En ce sens encore, les grandes religions prosélytiques élevaient, par-dessus les frontières, d'immenses monuments à l'humanité. L'Orient, caractérisé par la confusion de la plupart des sociétés que l'Occident distingue, et en particulier par l'identité du groupement politique avec le groupement religieux, est par là même moins apte à comprendre l'idée des droits de l'homme.

Qui vit au contraire dans la complication de notre civilisation moderne, habitué à rencontrer les individus les plus nombreux et les plus divers dans les mêmes associations, et inversement les mêmes individus dans les associations les plus nombreuses et les plus variées, est porté à se représenter ce nombre et cette variété comme susceptibles de s'accroître indéfiniment, se figure aisément, au-dessus de ces groupements réels, les groupements possibles, et arrive ainsi à concevoir sans répugnance une sorte de vaste société idéale dont tous les hommes, à quelque société partielle qu'ils pussent appartenir par ailleurs, seraient également les membres.

Plus directement encore que leur caractère exclusif, la complication des sociétés diminuera leur caractère oppressif, et aidera l'individu à se poser comme le centre du droit. Une collectivité l'absorbera plus difficilement si d'autres collectivités le lui disputent. Au milieu du conflit des autorités qui se font contrepoids, la liberté individuelle peut rester debout. Ainsi s'explique, par exemple, l'espèce de jeu de bascule dont l'histoire de la compétence judiciaire au moyen âge nous donne le spectacle. On y voit les justiciables invoquer alternativement le régime des lois dites personnelles et le régime des lois dites territoriales [2] ; lorsqu'ils sont dans la main du seigneur, ils en appellent au roi ; dans la main du roi, au seigneur. C'est qu'ils cherchent à balancer un pouvoir par l'autre ; collectif ou individuel, un maître unique devient vite un tyran. Partout où la société manque de complication, sa mainmise sur l'individu est plus lourde.

Il est remarquable que, dans les pays absolutistes, les Églises sont le plus souvent autocéphales et font un avec l'État ; les individus y perdent du même coup cette faculté de recourir contre la puissance

1 COURCELLE-SENEUIL, dans sa préface à l'*Ancien Droit*, de S. MAINE.
2 V. FLACH, *Origines de l'ancienne France*, tome I, passim.

Célestin Bouglé

gouvernante, et de lui dérober une part de leur personnalité, que l'indépendance de l'Église vis-à-vis de l'État a plus d'une fois garantie [1]. L'Église catholique a pu, en fait, mettre souvent ses forces organisées au service de l'absolutisme, et lui offrir l'appui de ses dogmes. Mais il faut distinguer, des visées et des idées d'une association, les effets qu'elle produit par son existence même, par sa seule présence dans une nation. En installant à côté des groupements laïques un groupement nouveau, l'Église catholique instituait une forme sociale favorable au libéralisme. Guizot l'observe justement, lorsqu'il oppose, à l'influence bienfaisante du catholicisme, l'influence funeste du mahométisme : « C'est dans l'unité des pouvoirs temporel et spirituel, dans la confusion de l'autorité morale et de la force matérielle que la tyrannie, qui paraît inhérente à la civilisation mahométane, a pris naissance [2] » Ce serait au contraire le privilège de notre civilisation que la multiplicité des principes [3]. Plusieurs organisations s'y rencontrent et s'y enchevêtrent : c'est peut-être une des raisons pour lesquelles l'émancipation des hommes devait être la mission propre des sociétés occidentales.

De quelque nature qu'elles soient en effet, la multiplication des sociétés est cause de libération. Livré à ses seules forces, l'individu n'aurait pu, sans doute, dresser son droit contre les collectivités ; mais parce qu'il appartenait à beaucoup de collectivités à la fois. Il pouvait opposer, à chacune d'elles, la résistance des autres ; de la multiplication des dépendances est née son indépendance.

D'ailleurs, ce n'est pas seulement la puissance effective de l'individu que la complication sociale augmente, mais encore et surtout ses prétentions ; elle est faite pour mettre en relief la valeur propre à la personne.

Lorsqu'un individu n'appartient qu'à une société, c'est alors qu'il lui appartient tout entier. Toutes ses idées sont déterminées comme toutes ses actions sont commandées par la collectivité ; sa personnalité reste fondue dans la masse, et on ne mesure l'estime qu'on lui accorde qu'à la valeur du groupe auquel il est inféodé. Au contraire, si les différents côtés de sa personne ressortissent à

---

1 V. A. LEROY-BEAULIEU, *L'Empire des Tsars*, III. p. 82.
2 GUIZOT, *Histoire de la Civilisation en Europe*, p. 79
3 *Ibidem.*, 2ᵉ leçon

des sociétés différentes, il n'est plus si facile à l'esprit de le classer du premier coup et une fois pour toutes ; nous établissons plus malaisément entre sa valeur et la valeur reconnue de telle collectivité cette solidarité qui nous empêche, comme le veut l'égalitarisme, de rendre à chacun ce qui lui est personnellement dû.

Si surtout les groupements dont l'individu a fait partie ont changé, et que nous ayons le sentiment qu'ils peuvent changer encore, alors nous éprouvons de plus en plus le besoin de l'estimer en lui-même et pour lui-même. Ainsi, décrivant l'évolution de la franchise électorale en Angleterre, M. Boutmy montre [1] comment « ce droit ne peut plus prendre son assiette sur les vieilles corporations, trop de fois remaniées et morcelées. Il faut descendre plus bas et l'asseoir définitivement sur l'individu, seul être résistant et immuable dans cette ruine ou cette refonte incessante des personnalités collectives ». Par la complication sociale, « l'individu passe au premier plan de la scène, tandis que les anciennes personnes morales dont il était englobé naguère se dissipent comme des ombres derrière cette unique figure en vif relief. »

Comment, d'ailleurs, la complication sociale combat directement cette notion de classe, ennemie née de l'égalitarisme, c'est chose aisée à apercevoir. Quand les relations entre membres de groupes autrefois nettement séparés se multiplient, les respects ou les dédains collectifs ne survivent pas longtemps : le système des hiérarchies consacrées se disloque et porte à faux, car les classes sont brouillées.

Par là s'explique les avantages démocratiques de tout événement ou institution qui enchevêtre les différents ordres de la société. N'a-t-on pas souvent dit des croisades qu'elles avaient ébranlé les catégories féodales ? C'est qu'elles mêlaient dans une même troupe, orientée vers une même fin, seigneurs, bourgeois, manants, hommes de toutes les situations et de toutes les provinces. De ce même point de vue, en Angleterre, on a justement remarqué l'heureuse influence de ces « cours de comté » qui, réunissant toute la population locale, noble ou roturière, urbaine ou rurale, hâtaient la fusion des éléments divers du peuple anglais ; ou, encore, dans le même pays, celle de la constitution du Parlement, qui mêlant

---

1 *Le développement de la Constitution et de la Société politique en Angleterre*, p. 347

Célestin Bouglé

les ordres deux par deux dans ses deux Chambres, contrariait l'esprit de caste [1]. Les ordres privilégiés pressentent bien, d'ailleurs, l'effet de ces croisements, puisque, le plus souvent, pour sauver leur prestige et garder leurs distances, ils recommandent à leurs membres de ne pas se commettre avec ceux des autres ordres : lier partie avec un inférieur, c'est déjà déroger. Qu'un commerce constant et réglé par les usages mondains mette en présence, dans les salons du XVIIIe siècle, le roturier et le gentilhomme, et ils se rapprocheront insensiblement ; c'est ainsi que, plus encore peut-être que leurs théories, la vie mondaine de nos grands écrivains préparait le succès des idées égalitaires. En ce sens, on a raison de dire que les casernes ou les lycées, où se coudoient des gens qui étaient la veille, non pas seulement géographiquement, mais socialement éloignes, sont des écoles de démocratie. Tout ce qui entrecroise les groupes embrouille les distinctions de classes, et invite l'esprit à en faire abstraction pour mesurer la valeur propre aux individus.

On dira peut-être que, pour diverses que soient les associations entrecroisées, il subsiste ordinairement en chacune d'elles une hiérarchie, des rangs, des situations sociales supérieures et inférieures. Il peut donc arriver qu'un même homme se retrouve, dans des associations très différentes, politiques ou religieuses, mondaines ou économiques, placé au même rang. Il entre dans des combinaisons multiples, mais il y conserve toujours le même numéro d'ordre, toujours commandant, ou servant toujours. En ce cas, est-il vrai que la multiplicité des groupes dont un homme fait partie tend à l'égaliser aux autres hommes ? Ne serait-on pas, au contraire, porté à juger a priori, indépendamment de ses actes propres, de la valeur d'un individu par la place qui lui paraît marquée d'avance dans toutes les sociétés, et à le tenir, avant toute expérience, comme digne de respect ou de dédain, suivant la hauteur de ce rang toujours le même ? – Et il faut reconnaître que souvent la même dignité suit l'homme à travers les cercles les plus variés, et qu'ainsi, changeant de groupe, on peut dire qu'il ne

---

1 Cf. IMBART DE LA TOUR, L'Évolution des Idées sociales au moyen âge, dans les Comptes rendus de l'Académie des sciences morales et politiques, 1896, II, p. 425. AUG. THIERRY attribuait de même, aux associations provoquées par la Ligue, un certain rapprochement des classes.

Deuxième partie

change pas de classe. La complication sociale laisserait, de la sorte, la hiérarchie intacte.

Toutefois, plus les sociétés entrecroisées sont nombreuses, plus il y a de chances pour qu'il s'en trouve, dans le nombre, qui fassent profession de ne pas tenir compte des distinctions antérieures, et d'interdire l'importation des rangs.

Le christianisme, par exemple, égalise en principe tous les fidèles. La cité céleste ignore les différences terrestres. À la porte de l'Église tous les honneurs humains doivent être dépouillés : le Dieu unique est si grand qu'à ses yeux les plus grands de la terre ne dépassent pas les plus humbles. Il ne voit que les âmes, et l'âme d'un pâtre pieux lui est mille fois plus chère que l'âme d'un roi corrompu. Courber ainsi tous les hommes devant cette puissance infinie, c'était abaisser les puissances finies qui se disputaient leur respect. La notion des rapports qui relient les créatures à Dieu devenait ainsi capable de bouleverser celle des rapports des créatures entre elles. Elle inaugurait une société des esprits qui, pour être idéale, n'en devait pas moins, par sa forme propre et la situation qu'elle occupait au milieu des autres sociétés, acheminer l'humanité à l'égalitarisme.

Par des voies très différentes, le commerce produit des effets analogues. Dans les relations économiques, on tient compte non de « la qualité » des hommes, mais, à quelque classe qu'ils appartiennent, de la quantité d'argent qu'ils peuvent offrir en échange de telle marchandise. C'est en ce sens que Ihering a pu soutenir ce paradoxe : « L'argent est le grand apôtre de l'égalité [1]. » Marx le dit de son côté [2] : « L'argent en qui s'effacent toutes les différences qualitatives entre les marchandises, efface à son tour, niveleur radical, toutes les distinctions. » Sur le marché il n'y a plus qu'un échangiste, en face d'un échangiste — race, nation, religion, tout ce qui distingue les hommes est momentanément oublié.

Il est vrai que, dans certains cas, l'oubli n'est pas complet. On refusera d'acheter à un juif dans certains pays d'Orient. En France, après 1870, des maisons de commerce avaient, dit-on, inscrit sur leurs devantures. « On ne vend pas aux Allemands » ; et il paraît que les Américains, pour se venger de l'attitude prise par la presse

---

1 *Zweck im Recht*, I, p. 229.
2 *Das Kapital*, 3ᵉ éd., I, p. 105.

Célestin Bouglé

française lors de la guerre de Cuba, se sont proposé de « boycotter » notre commerce. Mais le cours normal des affaires a vite raison de ces exceptions accidentelles. Normalement, par l'acte de l'échange, les qualités sont effaces. Il est dès lors naturel que les sociétés où ces actes, loin d'être comme aux temps anciens relativement exceptionnels, singuliers et quasi-solennels, se multiplient à toutes les secondes et sur tous les points, soient aussi plus habituées que les autres à faire abstraction des classifications sociales établies. En fait, dans le temps où celles-ci s'imposaient encore avec rigueur, n'est-ce pas dans les places commerciales que se montrait d'abord un certain égalitarisme ? À l'origine de l'époque moderne les grands courants commerciaux, qui passent par les villes de l'Italie et du Rhin, fraient la voie à l'émancipation des hommes [1.] Le « droit du marché » ne voulait connaître aucune différence de naissance, et c'est peut-être parce que le droit urbain est sorti de ce droit commercial qu'on a pu dire, de l'air des villes, qu'il rendait tous les hommes également libres : « *Städtische Luft macht frei* [2] ».

D'ailleurs, il n'est pas nécessaire, pour que l'entrecroisement des sociétés aide au succès de l'idée de l'égalité, que l'une ou l'autre des sociétés entrecroisées soit hostile à toute espèce de hiérarchie ; il suffit que les hiérarchies qu'elles acceptent diffèrent, qu'on ne les voie pas toujours parallèles et de même sens, mais que l'une, parfois, renverse l'ordre de l'autre.

Et c'est ce qui devient de plus en plus probable à mesure qu'avec leur nombre augmente la variété des sociétés enchevêtrées ; lorsqu'elles diffèrent réellement par leur nature et leurs fins, conséquemment par ce qu'elles demandent à l'individu, il est rare que les premiers dans l'une soient aussi les premiers dans l'autre. Le déplacement des points de vue de l'estime sociale doit bouleverser les situations, et reporter par suite notre respect de la classe à l'individu.

Ainsi, à Rome, la hiérarchie primitive fondée sur la religion de la famille devait être ébranlée le jour où un fils, chargé de veiller aux intérêts de l'État, commandant le respect aux vieillards, pouvait, entouré de ses licteurs, exiger le salut même de son père. Pour les mêmes raisons, peu d'institutions devaient plus contribuer au

---

1 Cf. *L'Histoire générale* (LAVISSE et RAMBAUD), II, p. 420.
2 Cf. SOHM, *Die Entstehung des deutschen Stadtewesens*, p. 15, 81. BÜCHER, *op. cit.*, 2ᵉ édit., p. 92.

Deuxième partie

relèvement de l'esclave que les collèges de l'Empire. Non seulement ils lui permettaient de sortir de la famille où il était sévèrement enfermé, mais encore de dépasser son rang ordinaire, et, nommé trésorier ou président, de dominer, pour quelques instants au moins, des hommes libres. Combien un esclave qui avait revêtu, ne fût-ce que pour quelques heures, la robe du magistrat, ne devait-il pas gagner en dignité [1] ? Par là s'explique encore l'avidité avec laquelle les affranchis, désireux de se rehausser dans l'estime générale, recherchaient toute espèce de distinctions : un inférieur à qui sur certains points on reconnaît une supériorité doit bientôt être traité en égal.

De même, plus tard, parce que la hiérarchie de l'Église chrétienne admettait des esclaves dans les ordres et les nommait ainsi pasteurs d'hommes libres, elle travaillait indirectement au nivellement des conditions [2]. De nos jours, l'administration anglaise, dans l'Inde, ébranlera l'esprit de caste, non pas seulement en mêlant dans ces cadres les gens de toutes castes, mais encore et surtout en permettant aux membres des castes réputées inférieures de s'élever, dans la hiérarchie des grades, au-dessus des autres, s'ils l'on mérité par leurs qualités propres de fonctionnaires [3]. Les salons du XVIIIe siècle ne préparent pas seulement l'égalité des hommes parce qu'ils réunissent et confondent seigneurs et hommes de lettres, mais parce que, prisant l'esprit par-dessus tout, ils fournissent aux roturiers l'occasion de racheter par la supériorité du talent l'infériorité de la naissance : dans le royaume de l'esprit un enfant trouvé peut être roi. En un mot, la diversité des situations sociales que l'individu occupe dans des groupements très variés aide l'esprit dans son lent effort pour se déshabituer de mesurer, aux situations sociales, la valeur personnelle.

L'effet est naturellement renforcé si, à la diversité des situations occupées simultanément par un même individu, s'ajoute la diversité des situations qu'il occupe successivement.

La mobilité physique, qui permet aux hommes de courir d'un point à l'autre d'un territoire, est déjà, nous l'avons vu, favorable à l'égalitarisme : a fortiori cette mobilité proprement sociale, grâce à

---

1 BOISSIER, *op. cit.*, 294 t., I, p. 286,322.
2 F. DE COULANGES, *l'Alleu et le Domaine rural*, p. 299
3 SENART, *Les Castes dans l'Inde*, dans la *Revue des Deux-Mondes*, 1894, I, p. 635.

Célestin Bouglé

laquelle les hommes montent et descendent les différents degrés de l'échelle des situations. Leurs distances, dirait-on, semblent se raccourcir à mesure qu'elles sont plus souvent franchies. L'homme qui s'élève à une classe supérieure élève avec lui la classe à laquelle il appartenait antérieurement ; les honneurs qu'il reçoit rejaillissent sur elle. C'est pourquoi l'imagination populaire se plaît parfois à attribuer aux grands la plus basse origine ; plus d'un roi, à en croire les légendes, aurait été berger, et aurait conservé, dans quelque cachette de son palais splendide, la houlette et le sayon d'autrefois. En fait, qu'un petit employé de commerce devienne premier ministre, ou le fils d'un tonnelier général en chef, de pareilles « ruptures de ban » frappent les esprits, et les préjugés aristocratiques ne peuvent manquer d'en être ébranlés. Tout ce qui aide à la mobilité sociale aide à leur ruine.

L'état économique de nos sociétés, par exemple, trouve ici un nouveau moyen de servir les idées égalitaires. Au temps où la principale richesse est la propriété foncière, les mêmes familles possèdent ordinairement les mêmes choses ; les grands sont aussi les riches, et, chacun restant à son rang, la hiérarchie sociale est comme pétrifiée. On a eu raison de dire en ce sens que, la souveraineté, féodale dépend de la propriété : la condition de la terre emporte celle de l'homme. Mais, à ce régime dormant, substituez l'animation de notre fièvre commerciale : production à outrance, circulation incessante, hausses et baisses inattendues, – dans ce mouvement perpétuel de toutes les valeurs, les fortunes se font et se défont en un clin d'œil. Des « parvenus » entrent dans les cercles antérieurement fermés que la richesse leur ouvre et y sont incessamment remplacés. Des hommes à chaque instant nouveaux se succèdent dans les hautes situations. « Dans toutes les sociétés, dit M. Boutmy [1], l'accroissement de la richesse mobilière, masse illimitée et accessible à tous, nivelle les supériorités fondées sur la prépondérance de la richesse foncière, masse limitée et objet naturel de monopole. »

La vitesse du va-et-vient social est ainsi décuplée, On s'habitue dès lors à voir un même homme remplir successivement des places très différentes, à imaginer par suite, à coté de celles qu'il a remplies déjà, celles qu'il pourra remplir encore. Le prestige des « places »

---

1 *Études de droit constitutionnel*, 2e éd., p. 270.

tend par là même à diminuer, en même temps qu'augmente l'idée de la valeur propre à l'individu. On nous dit ; que quand tous les citoyens d'Athènes furent tour à tour fonctionnaires, le prestige de la fonction s'effaça [1.] D'une manière générale, par le « roulement » même, l'attention sociale tend à se reporter des fonctions aux hommes, et leurs titres n'empêchent plus de mesurer la valeur qui leur est propre.

Ainsi, par la variété aussi bien que par la multiplicité des situations sociales d'un même individu, l'opinion publique est comme désorientée dans son respect des distinctions collectives ; elle n'a plus d'autres ressources que d'asseoir sur leur seul mérite personnel son estime des hommes.

En résumé la complication sociale, multipliant le nombre des associations dont peut faire partie, à des titres divers, un même individu, permet à chacun d'eux de se détacher de chacune d'elles, et de poser, en face des collectivités quelles qu'elles soient, sa personnalité : brouillant les distinctions collectives au profit des distinctions individuelles, elle prépare les hommes à obéir, pour porter les uns sur les autres ces jugements d'estimation qui règlent leur conduite, aux prescriptions de l'égalitarisme.

Chapitre IV
L'unification des sociétés

Dans les grands ensembles complexes que présente l'histoire humaine, nous avons discerné, pour mesurer l'influence égalitaire de leur nombre et de leurs rapports, les individus, puis les groupes partiels. Revenons maintenant de ces éléments à ces ensembles mêmes, afin d'apprécier l'action qu'ils doivent exercer sur les idées sociales, par le degré de leur unité.

Il ne faut pas que les expressions courantes nous fassent illusion. On dit indifféremment : la société hindoue, la société féodale, la société romaine ou française ; comme si toutes les agglomérations d'hommes, dans quelque temps et en quelque lieu que ce soit, devraient donner naissance à des êtres définis, constitués, organisés, – en un mot à des sociétés unifiées. En réalité l'unification sociale

1 V. CURTIUS, *Histoire grecque*, II, p. 502.

Célestin Bouglé

est loin d'être un fait universel.

Un nombre considérable d'individus peuvent vivre ensemble sur un même territoire, et agir de façons très diverses les uns sur les autres, sans former, forcément, une société unifiée. Pour qu'un corps constitué naisse de leur agglomération, il ne suffit pas qu'ils entrent en relations, a fortiori qu'ils se juxtaposent, il faut encore que leurs relations soient définies et réglées par une certaine communauté d'obligations reconnues, de sentiments approuvés, d'intérêts sentis. Une société est-elle véritablement une si elle n'impose pas aux différents individus qu'elle rassemble un même ordre social ? si elle n'a pas la charge de veiller tant à leurs intérêts communs qu'à leurs droits individuels, et par suite la capacité tant d'édicter que de faire respecter des règles générales ? Il n'y a complète unification sociale que là où il existe, pour régler les rapports des unités associées, une certaine organisation politique, juridique, administrative, économique, – une loi, un pouvoir central, en un mot, un État.

Mais si, pour faire respectez l'ordre général, l'État ne dispose que de la force brutale toute nue, son œuvre reste précaire. Sa force n'aura d'effets sociaux que si elle repose elle-même sur une sorte de consentement public, c'est-à-dire si les individus qu'elle prétend soumettre la même loi ont bien la volonté de vivre ensemble. C'est pourquoi il n'y a pas de bonne entente d'intérêts ni de juste équilibre de droits sans la communion des sentiments et l'échange des idées. Pour qu'une société soit vraiment unifiée, il faut qu'à l'État s'adjoigne la nation.

*

* *

La rareté des sociétés unifiées est dès lors manifeste : États et nations sont loin d'être des phénomènes aussi universels que les sociétés mêmes.

En même temps que la domination étrangère, c'est la règle générale dans tout l'Orient, rappelle S. Lyal [1], que l'absence de toute nationalité proprement dite. « Un État, nous dit M. Lavisse [2], est un être politique organisé, et il n'y aura pas d'États à proprement

---

1 *Études sur les moeurs religieuses et sociales de l'Extrême Orient*, p. 413-416.
2 *Vue générale sur l'Histoire politique de l'Europe*, p. 51.

parler (de grands États au moins) qu'à la fin du moyen âge. – Une nation est une personne formée, consciente et responsable ; il n'y aura pas de véritable nation sur le continent avant notre temps. » Ainsi États et nations n'apparaissent que dans certains temps et dans certains pays ; et il est facile de voir que ce sont aussi les temps et les pays où l'idée de l'égalité s'est montrée.

Tandis que l'Inde, patrie des castes, était aussi caractérisée par l'absence d'une constitution politique générale [1], Rome, patrie du droit naturel, donnait le premier modèle d'un grand État centralisé, – si bien que de l'idée de l'État, comme de l'idée de l'égalité, les historiens s'accordent à dire qu'elle est une idée romaine. Tous les grands manieurs de peuples s'efforcent en effet de reconstituer l'État romain, et c'est son souvenir qui, revivifié par la Renaissance, vient présider à la genèse de l'État moderne. Les anciens eux-mêmes l'avaient compris. La fonction de Rome était à leurs yeux de concentrer l'univers : « Fiebat orbis urbs », dit Varron. Distribuant aux hommes des races les plus différentes un même droit de cité, exigeant des pays les plus disparates les mêmes impôts, rapprochant par ses voies les points extrêmes du monde ancien, l'Empire romain est le plus puissant instrument d'unification que l'humanité ait connu. Les prophéties de Daniel sont réalisées ; « il pulvérise tout ce qu'il touche », il abat entre ceux qu'il soumet tous les murs de séparation [2]. Et s'il ne faut pas dire, avec Ihering [3] que Rome fut l'ange exterminateur des nationalités, – puisqu'à vrai dire les nationalités n'existaient pas encore – du moins elle écrasait toutes les espèces de groupements qui auraient pu constituer des nations. « Il n'y avait plus, dit Eusèbe [4], cette multitude de chefs, de princes, de tyrans et de gouverneurs de peuples. L'Empire romain seul s'étendait sur tous. » Et l'évêque de Césarée fait remarquer que par là l'Empire romain préparait le monde à l'idée de l'unité de Dieu ; – il le préparait du même coup, ajouterons-nous, à l'idée de l'égalité des hommes.

Toutefois, nous le savons, l'idée de l'égalité n'apparaît alors que pour s'éclipser bientôt, comme devait s'effacer bientôt l'unification romaine. L'unité d'une société si étendue et si hétérogène ne pouvait

1 SENART, *art. cit. Revue des Deux-Mondes*, 1894, V, p. 343.
2 Cf. S. MAINE, *Histoire des Institutions primitives*, p. 480
3 *Esprit du Droit romain*, I, p. 310.
4 . Cité par LYALL, *op. cit.*, p. 503.

Célestin Bouglé

être que superficielle. Elle était en quelque sorte promulguée plutôt qu'acceptée, formulée plutôt que réalisée. « L'Empire, dit Duruy [1], n'est qu'un grand corps sans muscles et sans nerfs, tenant debout par les seuls liens dont l'administration l'avait enlacé. » Les citoyens ne coopèrent pas assez au mécanisme gouvernemental ; les parties de cet ensemble immense ne collaborent pas à leur propre unité. Si l'on veut, l'Empire romain est un État ; il n'est à aucun degré une nation. Des siècles devaient passer avant que les sociétés occidentales, fussent foncièrement unifiées.

Le défaut d'unité, tel est bien en effet, le caractère principal de la société pendant cette période confuse qui sépare les deux moments du développement de l'égalitarisme, le crépuscule du monde antique et l'aurore des temps modernes. Chaque région, chaque province, chaque commune s'isole. Suivant K. Bücher [2] on ne peut pas parler d'économie « nationale » avant la fin du moyen âge. L'économie reste domestique ; on fabrique autant que possible autour du château féodal tout ce qui est nécessaire au petit groupe. « Au XIe siècle, on n'achetait ou ne vendait, nous dit K. Lamprecht qu'à la dernière extrémité ; l'action unifiante du commerce ne pouvait s'exercer. Mille petits gouvernements se partageaient le pays. Dans le seul duché du Bourbonnais, on comptait 240 seigneuries, et chacune avait sa loi propre. D'après Beaumanoir, on ne pouvait « trouver el royaume de France, deux chastelenies qui de toz caz usassent de meisme coutume [3]. » Au XVIIIe siècle, longtemps après que leur travail de synthèse et de simplification est commencé, les juristes distinguent encore 52 coutumes générales. « Mouvement de localisation universelle [4] », la féodalité avait pour longtemps morcelé les intérêts et dispersé les pouvoirs. Pendant l'éclipse de l'égalité règne aussi ce qu'on appelle l'anarchie féodale, « c'est-à-dire l'absence de tout gouvernement central. [5] »

N'est-ce pas, au contraire, un signe des temps modernes que le progrès de la centralisation ? Presque toutes les grandes convulsions de notre siècle cachaient des efforts d'unification.

---

1 *Histoire des Romains,* VI, p. 313.
2 *Op. cit.,* 2ᵉ chap.
3 Cité par HANOTAUX, *Histoire du cardinal de Richelieu,* I, p. 411 Cf. ESMEIN, *Cours d'Histoire du Droit français,* p. 289.
4 C'est l'expression de GUIZOT.
5 SEIGNOBOS, *Histoire de la civilisation au moyen âge,* p. 235.

Deuxième partie

Il est vrai que les différentes nations ne s'unifient pas toutes avec la même vitesse ni de la même façon : suivant les circonstances de leur histoire, ici la tâche n'est pas très aisée, et là tout est à faire. Dans un Empire comme l'Empire allemand, mosaïque de royaumes et de principautés, les anciens pouvoirs locaux opposent au nouveau pouvoir central une certaine force de résistance ; les pays conservent un souvenir assez vivace de leurs coutumes, les villes de leurs franchises, les universités de leurs privilèges. Pour l'Angleterre, on a cent fois répété qu'elle était la terre classique des autonomies. Tous ceux qui sont effrayés des empiètements de l'État moderne invoquent l'exemple de la Grande-Bretagne : voyez comme les autorités locales y sont puissantes, comme les grands corps collectifs y sont vivants ! « La filiation historique est l'âme de la constitution anglaise. » Elle laisse donc intacte la force des groupements traditionnels, qui conspirent pour protéger l'individu contre l'État [1].

Mais, quels que soient les caractères propres de leur histoire, ni l'Angleterre, ni l'Allemagne ne sauraient résister au mouvement qui entraîne toutes les sociétés européennes. En fait, dans le nouvel Empire allemand, les anciens pouvoirs locaux ne sont plus que des ombres ; en Angleterre aussi les groupements traditionnels se dissipent et s'effacent. Ici comme là, qu'il s'agisse de l'assistance ou de l'instruction, de la réglementation industrielle ou des travaux d'intérêt général, tout s'unifie en se centralisant. La progression annuelle des budgets des États suffirait à le prouver [2].

Et qu'on ne croie pas que cette progression tient seulement à une crise historique, que la faute en est à la seule « paix armée », tourment de l'Europe. En même temps que les budgets de la guerre, les dépenses consacrées aux services civils vont grossissant. En Angleterre même, de 1817 à 1880, elles ont sextuplé ; depuis 1867 elles ont doublé presque [3]. La centralisation maîtrise donc décidément jusqu'aux nations qui lui paraissaient le plus hostiles ; si l'état présent de leurs institutions nous révèle que l'idée de l'égalité pénètre toutes les nations modernes occidentales, il nous apprend aussi que toutes à des degrés différents, s'unifient.

---

1 BOUTMY, *Études de Droit constitutionnel*, p. 67.
2 V. LEROY-BEAULIEU, *L'État moderne et ses fonctions,* 2e éd., 1891, 1er chap.
3 LEROY-BEAULIEU, *op. cit.*, p. 19.

Célestin Bouglé

Serait-il permis de penser qu'elles sont d'autant plus portées vers l'égalité qu'elles ont été plus unifiées ? Tocqueville l'eût peut-être accordé. On sait la question qu'il se pose, dans son livre sur l'Ancien régime et la Révolution ; Pourquoi la France a-t-elle été le porte-parole de l'égalitarisme ? Pourquoi cette grande Révolution qui se préparait en même temps sur presque tout le continent de l'Europe a-t-elle éclaté chez nous plutôt qu'ailleurs ? – Or la réponse que se donne Tocqueville se réduit à peu près à ceci : la France était, de tous les pays d'Europe, le plus unifié. Sous quel aspect se présente à nous notre Ancien régime ? « Un corps unique, et placé au centre du royaume, qui réglemente l'administration publique dans tout le pays ; le même ministre dirigeant presque toutes les affaires intérieures ; dans chaque province, un seul agent qui en conduit tout le détail ; point de corps administratifs secondaires ou des corps qui ne peuvent agir sans qu'on les autorise d'abord à se mouvoir ; des tribunaux exceptionnels qui jugent les affaires où l'administration est intéressée et couvrent tous ses agents. Qu'est cela, sinon la centralisation que nous connaissons ? [1] » En ce sens, il n'y a pas de solution de continuité entre les deux parties de notre histoire : la monarchie, en unifiant la France, la prépare pour la démocratie. « L'histoire, de France est nous dit-on, un long pèlerinage vers l'unité [2] ». C'est sans doute pour cela qu'elle est aussi une marche vers l'égalité. Égalité et unité progressent parallèlement.

Toutefois il faut reconnaître que ce parallélisme est loin d'être toujours et partout aussi évident, et qu'au contraire il semble se rencontrer, dans les sociétés modernes, plus d'un cas singulièrement défavorable à notre thèse.

Comparez, par exemple, les institutions américaines et les institutions russes : les États-Unis ne se montrent-ils pas très égalitaires, quoique très peu centralisés, tandis qu'inversement la Russie est très centralisée, quoique très peu égalitaire ?

Rappelons d'abord qu'en tout état de cause l'unification des sociétés n'est nullement à nos yeux la raison suffisante de leurs tendances égalitaires, mais une des conditions, entre beaucoup d'autres, qui favorisent le succès de ces tendances. Déjà nous ne

---

1 *L'Ancien Régime et la Révolution*, p. 85.
2 HANOTAUX, *Histoire du cardinal de Richelieu*, I, p. 352.

Deuxième partie

prétendons pas que l'ensemble des différentes formes sociales que nous discernons constitue la cause unique du phénomène que nous voulons expliquer : *a fortiori* ne le dirons-nous pas d'une de ces formes prise à part. La centralisation contribue avec d'autres conditions au triomphe des idées égalitaires ; si, par un heureux concours, ces autres conditions se rencontrent, à un très haut degré, dans quelque société, quoi d'étonnant à ce que celle-ci, même peu centralisée, soit poussée pourtant dans le sens de la démocratie ?

Or, n'est-ce pas là, précisément, le cas des États-unis ? Leurs origines particulières offraient les circonstances les plus propices à l'éclosion de l'égalitarisme. « Les émigrants qui devaient fonder l'Amérique, dit Tocqueville, appartenaient tous, d'une manière générale, à la même classe. Ils offraient le singulier spectacle d'une société où il ne se trouvait ni grands seigneurs, ni peuple, et pour ainsi dire ni pauvres, ni riches [1] » Ils partaient donc sans emporter l'idée de supériorités sociales préétablies. Ils devaient du moins, s'ils l'apportaient, la perdre facilement. On raconte que sur un des bateaux qui transportaient les émigrants, les moins favorisés firent, avant de débarquer, leurs conditions aux autres, et exigèrent, pour la société qu'ils allaient fonder ensemble, un régime d'égalité. Si le fait n'est pas vrai d'une vérité historique, il l'est d'une vérité psychologique. La nouveauté même de cette association qu'ils venaient installer sur une terre vierge devait inviter les hommes à faire abstraction des distinctions sociales antérieures. Déjà, chez les Grecs, les colonies étaient plus facilement démocratiques que les métropoles [2]. Une aristocratie se transplante malaisément. Les racines habituelles des privilèges, castes militaires ou classes de grands propriétaires terriens, faisaient défaut en Amérique. Ainsi, « dans ce pays neuf et vierge, les maximes d'égalité et de liberté étaient la représentation des faits eux-mêmes, des rapports naturels, faciles et simples d'une société nouvelle et sans passé [3]. » Quoi détonnant dès lors si, moins unifiée que ses sœurs du continent, la société américaine ne devait pas être moins ouverte à l'égalitarisme ? Ses origines l'y prédestinaient.

Inversement, que dans une société, même très centralisée,

---

1 *De la Démocratie en Amérique*, I, p. 48-52.
2 CURTIUS, *Histoire grecque*, I, p. 289.
3 BOUTMY, *Études de Droit constitutionnel*, p. 292.

Célestin Bouglé

manquent la plupart des autres conditions favorables à l'égalitarisme, et nous trouverons naturel qu'elle soit peu égalitaire.

Or n'est-ce pas, précisément, le cas de la Russie ? Ne reste-t-elle pas en arrière des autres nations européennes tant par la civilisation matérielle que par la civilisation morale ? Les distances sont encore les « fléaux de la Russie », et la population y est forcément moins mobile que partout ailleurs. Elle y est aussi moins dense. Les grandes villes, foyers désignés des idées démocratiques, y sont, nous l'avons vu, plus rares que dans le reste de l'Europe. – Il est vrai que, sous nos yeux, de jour en jour, des centres populeux se forment jusque dans l'Empire des tsars ; toutes les industries russes, et en particulier celle des transports, se perfectionnent peu à peu [1]. Mais ce sont là des phénomènes assez récents et qui n'ont pas encore eu le temps de produire sur les masses leur effet psychologique. – Toute l'histoire de la Russie, jusqu'à nos jours, explique suffisamment pourquoi, malgré la centralisation, elle devait longtemps rester réfractaire à l'égalitarisme occidental.

D'ailleurs, il est contestable que l'unification soit réellement au maximum dans l'Empire russe, au minimum dans la République américaine. Et ainsi la dérogation à la loi que nous tentions d'établir ne serait peut-être qu'apparente.

On répète depuis Tocqueville que la centralisation manque aux États-Unis. Mais, d'abord, de l'aveu de Tocqueville lui-même, si elle manque à leur fédération, on la retrouverait en chacun d'eux ; et d'ailleurs c'est surtout la centralisation « administrative » qui leur fait défaut : la centralisation « gouvernementale » y est aussi forte que dans bien des monarchies d'Europe [2]. Ajoutons qu'elle n'y a fait que progresser, et que sur ce point les prophéties de l'auteur de la *Démocratie en Amérique*, si souvent vérifiées ailleurs, ont été démenties par l'expérience.

La centralisation n'est pas populaire en Amérique, disait Tocqueville. Aujourd'hui le peuple, répond Tipton [3], regarde le pouvoir fédéral comme l'unique pouvoir. C'est en lui que les « radicaux espèrent. On oublie, au profit de l'autorité centrale,

---

1 V. un article sur *les Transformations de la Russie contemporaine,* par A. LEROY-BEAULIEU, dans la *Revue des Deux-Mondes.*
2 *Démocratie en Amérique*, I, p. 202, 140-150.
3 Cité par CL. JANNET, *Les États-Unis contemporains,* I, p. 92.

Deuxième partie

les clauses de ce traité entre États qui formait la constitution américaine. La doctrine des *states rights* a été ébranlée par la guerre de sécession : dans la « période de reconstruction » qui l'a suivie, bien des divisions provinciales sont tombées, comme surannées ou dangereuses [1]. Le temps est passé où l'on pouvait dire avec Jefferson que le gouvernement fédéral n'était, pour les États-Unis que le département des affaires étrangères. Il a commencé par la centralisation financière, il continue par la centralisation judiciaire et pédagogique. Il surveille les chemins de fer, les lignes fluviales, l'exploitation des forêts [2]. En Amérique comme en Angleterre toute une administration publique s'installe. Les progrès de l'unification américaine accompagnent sous nos yeux les progrès de la démocratie.

La Russie autocratique est-elle cependant plus unifiée ? – Il est vrai que le pouvoir du tsar est unique et absolu, qu'il ne rencontre aucun corps constitué capable de lui tenir tête : pas de corporations, pas de noblesse, pas de provinces. Tout pouvoir émane du pouvoir absolu ; toute fonction sociale est dans la dépendance immédiate du centre. Toutefois, regardons cette immense machine, non plus au centre, mais aux extrémités. Considérons les éléments si nombreux que cette organisation bureaucratique essaie d'unifier. N'apparaît-il pas que leur vie économique, juridique, voire politique, se développe le plus souvent en dehors des grands cadres de l'administration centrale, qu'elle est toute locale et particulière ? « Le moujik, écrivait Herzen à Michelet, n'a connu de droits et ne s'est reconnu de « devoirs que vis-à-vis de sa commune. » Entre la commune, petite démocratie patriarcale, et l'Empire, vaste autocratie bureaucratique, il n'y a pas de véritable contact [3]. Pierre le Grand a pu superposer une armée de fonctionnaires au peuple qu'il voulait transformer ; mais toute sa volonté n'était pas capable de suppléer aux circonstances sociales qui seules pouvaient donner, aux masses immenses disséminées dans cet immense territoire, une unité réelle. Le monde des administrateurs reste, pour les administrés, un monde étranger et souvent ennemi. Il est donc permis de dire qu'en Russie l'unification reste superficielle ;

1 V. un article de BURGESS (*Political science Quarterly*), cité par BOUTMY (*Droit constitutionnel*, p. 300-330).
2 CL. JANNET, *Op. cit.*, I, p. 39, 102, 267, II, p. 85.
3 .V. LEROY-BEAULIEU, *op. cit.*, II, p. 9, 57, 530.

Célestin Bouglé

l'organisation bureaucratique de l'État est comme suspendue au-dessus d'une nation qui n'a pas encore conscience d'elle-même. Et par suite rien d'étonnant si, les autres circonstances aidant, cette unification « d'en haut » n'a pas normalement développé dans les couches profondes du peuple russe l'idée que tous les hommes égaux en droits [1].

Ainsi les exceptions à la règle que l'histoire de la plupart des nations occidentales nous avait invités à poser se montrent discutables et explicables ; il reste vrai que d'une façon générale, l'unification sociale marche de pair avec l'égalitarisme.

Y a-t-il dans cette relation autre chose qu'une coïncidence ? C'est à la psychologie à nous l'apprendre.

*

* *

Par quels intermédiaires l'unification des sociétés peut les pousser à l'égalitarisme, nous le savons dès à présent, si nous nous rappelons seulement la corrélation de cette forme sociale avec celles que nous avons déjà examinées.

Et, en effet, toutes choses égales d'ailleurs, dans un pays où les différents groupements coexistants sont unifiés, il y aura plus de rapports sociaux entre des individus plus nombreux que dans un pays où les groupements demeurent scrupuleusement séparés ; en ce sens, l'unification augmente la densité sociale. – D'autre part un gouvernement centralisé, assujettissant à une morne loi les individus les plus distants et les plus différents, les rend, à un certain point de vue, semblables. C'est ainsi que l'Empire de Rome, en effaçant leurs distinctions collectives, assimilait les uns aux autres, dans une certaine mesure, Gaulois et Égyptiens, Grecs et Espagnols : l'unification augmente l'homogénéité sociale. – D'autre part enfin, par l'opération qui unifie, un groupement plus large vient s'appliquer sur les différents groupements antérieurs. Ainsi, par la réunion des familles en une cité, ou des provinces en un royaume, l'individu se trouve appartenir, non plus seulement à sa famille, ou à sa province, mais encore à la cité ou au royaume. De ce point de vue, l'unification, augmentant le nombre des sociétés

---

1 Est-il besoin de rappeler qu'il ne s'agit, dans tout ce développement, que de la Russie d'avant-guerre ? (*Note de la 3ᵉ édition.*)

dont un individu peut faire partie, augmente la complication sociale. – Si donc nous avons pu démontrer antérieurement de la complication, de l'homogénéité et de la densité sociales, qu'elles contribuent au succès de l'égalitarisme, nous l'avons prouvé indirectement de leur unification.

Mais il est certains effets, favorables à l'égalitarisme, qui tiennent aux qualités propres de la dernière forme sociale examinée.

Par exemple, l'élévation du pouvoir qui s'installe, pour les unifier, au-dessus de tous les groupements antérieurs, doit avoir pour résultat de bouleverser les hiérarchies qu'on y tenait pour consacrées, et de modifier plus ou moins profondément les rapports des individus réputés inférieurs avec les individus réputés supérieurs. Une autorité centrale a en effet tout intérêt à ne pas respecter, dans le cercle nouveau où elle fait entrer toutes les unités sociales, les distinctions collectives qui les départageaient dans les cercles partiels. C'est en ce sens que Mirabeau pouvait dire que la Révolution française eût plu sans doute à Richelieu. « une surface égale facilite l'exercice du pouvoir [1] ». Un gouvernement qui vise l'unification sociale peut trouver son compte à élever ceux qui étaient abaissés, comme à abaisser ceux qui étaient élevés. Par là s'explique la politique classique des rois qui firent l'unité de la France, « rois niveleurs », ennemis des grands et amis des petits. Comme les empereurs romains prenaient le plus souvent leurs ministres parmi les affranchis, c'est de préférence parmi les non-nobles qu'ils choisirent leurs fonctionnaires, instruments de la centralisation. Dès le début de leur puissance, leurs *missi* se présentent comme les « défenseurs de la veuve et de l'orphelin ». Ils font profession de tenir tête aux forts et de protéger les faibles. Entre les classes extrêmes, l'office du centre est de rétablir un certain équilibre. Le fait est si constant que Fustel de Coulanges, qui se défiait pourtant des lois sociologiques, a cru pouvoir énoncer cette loi [2]: « Les inégalités sociales sont toujours en proportion inverse de la force de l'autorité. »

Si l'avènement des puissances centrales diminue réellement certaines inégalités, de combien ne doit-elle pas les diminuer toutes dans l'opinion ? Les supériorités mêmes qui subsistent ne seront

1 Cité par TOCQUEVILLE, *L'Ancien Régime*, p. 11.
2 *Transformations de la royauté* p. 583.

Célestin Bouglé

plus entourées du respect ancien. Comparés au pouvoir souverain, tous les membres de l'État paraissent placés sur un même plan, égaux dans la sujétion, *pares in fidelitate* : la distance dont il les domine les uns et les autres diminue la distance qui les sépare. « Le soleil s'est levé, disparaissez étoiles. » Ainsi Provinciaux, Italiens et Romains « s'abaissaient tous au niveau d'une parfaite égalité devant le pouvoir souverain qui planait sur le monde » [1]. C'est une loi de notre intelligence que deux objets différents lui paraissent différer moins s'il les compare ensemble à un troisième, qui diffère beaucoup et de l'un et de l'autre. Le spectacle que présente aux esprits une société unifiée est donc bien fait pour les porter à égaliser les hommes.

Il est d'ailleurs de l'essence d'un pouvoir central de penser, en légiférant, par genres plutôt que par espèces, et d'universaliser les lois. Tous les théoriciens du Droit public ont montré comment la centralisation conduisait à l'uniformité. Si les Droits sont si divers au moyen âge c'est que chaque pays ou chaque classe s'est fait sa loi ou plutôt sa coutume ; mais lorsqu'il est reconnu que le roi seul est « fontaine et mer de tout droit », alors la diversité s'efface, les *privatæ leges* sont menacées [2]. Distant de ses sujets et peu soucieux de leurs distinctions collectives, le pouvoir unique a une tendance à procéder par principe et par règles générales [3]. Et cette tendance entraîne non pas seulement ceux qui possèdent le pouvoir, mais encore ceux qui, vivant dans des sociétés unifiées, aspireraient à les réformer. Tocqueville a justement remarqué qu'au XVIIIe siècle l'idée d'une législation générale et uniforme s'impose aux gouvernés comme aux gouvernants [4]. Toute la philosophie politique de notre XVIIIe siècle pense qu'il convient de substituer « des règles simples et élémentaires, puisées dans la raison et la loi naturelle, aux coutumes compliquées et traditionnelles ». Et peut-être le succès de cette notion, qui avait pris « la consistance et la chaleur d'une passion politique » s'explique-t-il par le spectacle de la centralisation croissante au milieu de laquelle on vivait. – Ainsi l'unification des sociétés aurait en elle de quoi incliner les esprits vers ce rationalisme, épris des idées générales et des règles

1 GIRAUD, *op. cit.*, p 77.
2 HANOTAUX, *op. cit.*, p. 241, 411, 419.
3 S. MAINE, *Histoire des Institutions primitive*, p. 482, 491.
4 *L'Ancien Régime el la Révolution,* p. 116, 205.

Deuxième partie

universelles, qui conduit à l'égalitarisme.

Pour toutes ces raisons, on comprend que l'unification sociale est directement contraire à cette distribution des individus en classes nettement tranchées, qui elle-même est contraire au succès de l'idée de l'égalité. Par définition, l'unification s'oppose au sectionnement des sociétés. Toutes les espèces de groupements à la fois compacts et exclusifs, qui découpent une société en masses nettement distinctes, seront les ennemis nés des pouvoirs centraux. Le progrès des uns entraînera la décadence des autres, et réciproquement. Ainsi, à l'impuissance des institutions publiques correspond la prospérité des groupements séparatistes du moyen âge : et à leur absence, le pullulement des castes en Inde [1]. Inversement, les progrès de l'État écrasent l'organisation féodale. Elle existait en germe à Rome, s'il est vrai que le client est déjà au patron ce que le vassal est au seigneur [2]. Mais quand l'État romain couvre tout de son ombre, l'institution du patronage s'étiole. Si elle prospère au moyen âge c'est que les États existent à peine : elle disparaît quand ils renaissent. À mesure que les États modernes grandissent, on les voit étouffer les personnalités collectives qu'ils embrassent ensemble ; les provinces perdent leurs franchise, la noblesse ses privilèges, le clergé ses biens de mainmorte, les corporations leur monopole. Une société unifiée ne tolère plus d'État dans l'État.

Mais détruire les groupements fermés et séparés, n'est-ce pas détruire autant de puissances absorbante, de l'individu ? et par suite l'aider à se poser comme centre du droit ? « Tant qu'un État véritable n'offre pas à tous une sauvegarde égale, dit « M. Flach, l'individualité n'existe pas ; l'individu humain est absorbé par le « groupe » [3]. Dans l'absence de pouvoir central, l'homme est obligé de s'inféoder à une collectivité dans l'unité de laquelle se fondent en quelque sorte ses droits propres : c'est seulement dans les États constitués que l'homme isolé peut lever la tête. L'abaissement où ils réduisent les personnalités collectives met en valeur les hommes mêmes et prépare cette grande révolution dans les idées qui fait passer l'individu au premier plan de la scène politique. Ce qu'on a appelé l'« atomisation » de l'individualisme [4], résulte donc bien,

1 SENART, art. cité. *Revue des Deux-Mondes*, 1894, V, 343.
2 FLACH, *Les origines de l'ancienne France*, I, 55.
3 *Op. cit.*, I, p. 48.
4 V. PRINS, *L'organisation de la Liberté*.

Célestin Bouglé

en un sens, de la centralisation. L'unification des sociétés hâte le moment ou les individus sont tenus pour les vrais titulaires du droit et où l'opinion publique déclare qu'il faut les juger, non en vertu de lois spéciales, d'après leur rang, mais en vertu de lois uniformes, d'après leur mérite personnel. C'est pourquoi il ne faut pas dire qu'il y a contradiction entre la démocratie et la centralisation [1], mais bien plutôt, pour toutes les raisons que nous ayons rassemblées, qu'il y a filiation de celle-ci à celle-là.

Cette conclusion semble contredire brutalement une théorie sociologique fort connue, suivant laquelle l'évolution des sociétés les ferait passer du « type militaire » au « type industriel » et, du même coup, du despotisme à la démocratie.

On sait que, suivant Spencer, si les sociétés civilisées tendent à l'égalité, c'est que l'industrialisme y prend le pas sur le militarisme, et par suite la coopération volontaire sur la coopération forcée, la coordination sur la subordination, la rétribution proportionnelle sur la distribution arbitraire, le contrat sur le statut [2].

Or pourquoi et comment le militarisme niait-il les droits des individus ? – Parce que les exigences de la guerre forçaient la société à s'unifier à outrance. La société guerrière idéale est celle qui agit le plus aisément comme un seul homme, celle par suite dans laquelle les ordres, vivement conçus par un centre cérébral unique, sont rapidement transmis jusqu'aux extrémités du corps social et immédiatement exécutés. L'autorité militaire, pliant tout aux nécessités du combat, et subordonnant les besoins des civils à ceux des combattants est nécessairement une, comme ses règlements uniformes. En un mot, tandis qu'une société industrielle se prête à la décentralisation des fonctions sociales, une société militaire est rigoureusement centralisée. Et c'est parce qu'elle est aussi énergiquement unifiée qu'elle est essentiellement anti-égalitaire. – L'unification, que nous présentions comme favorable à l'égalitarisme, lui serait donc, suivant Spencer, essentiellement hostile.

Est-il possible de concilier ces deux théories ?

Il est aisé de montrer que l'antithèse de Spencer est, à certains points de vue, contraire aux faits. À considérer les sociétés contemporaines,

1 M. DUMONT soutient cette thèse dans son livre : *Dépopulation et civilisation*.
2 *Principes de sociologie*, tome III, passim.

Deuxième partie

on ne voit pas l'industrialisme exclure le militarisme, mais on voit souvent, au contraire, l'un s'appuyer sur l'autre. Les guerres coloniales ne sont-elles pas faites en vue d'intérêts industriels avoués ? D'un autre côté, des États très peu belliqueux, comme la Chine, ont pourtant abusé des réglementations uniformes ; et même dans les temps modernes, ce sont plus d'une fois des intérêts industriels qui ont demandé l'unification des sociétés. C'est un *Zollverein* qui a pose la première pierre de l'unité allemande. – Mais cette limitation de la généralisation de Spencer ne saurait nous suffire ici. La question qui nous importe reste entière : il ne s'agit pas de décider par quelles raisons la centralisation est provoquée, et si elle est fille du militarisme ou de l'industrialisme, mais de savoir si, par elle-même, elle est ou non contraire au progrès de la démocratie.

La réponse dépend sans doute de ce qu'on entend au juste par démocratie. N'a-t-on pas souvent distingué, dans les aspirations démocratiques, à côté du désir de l'égalité, celui de la liberté ? Aux yeux de bien des théoriciens, non seulement ces deux désirs sont distincts, mais ils s'opposent ; qui satisfait l'un lèse presque forcément l'autre. L'égalitarisme demande les réglementations nombreuses que le libéralisme repousse ; le premier compte sur le pouvoir central dont l'autre se défie ; l'un se complaît à l'uniformité comme l'autre aux diversités originales. Tocqueville reconnaît, à l'encontre de Spencer, que la démocratie ne va guère sans la centralisation ; mais il rappelle aussi que la liberté peut perdre, à cette centralisation, tout ce que l'égalité peut gagner. – Par là se trouverait levée toute contradiction entre notre thèse et celle de Spencer : il peut être vrai à la fois que les sociétés unifiées, comme il le prétend, oppriment les individus, et, comme nous le prétendons, les égalisent, – puisqu'il est vrai peut-être qu'elles les oppriment pour les égaliser.

Toutefois cette conciliation est encore insuffisante. Elle repose sur des équivoques, celles mêmes que recèle le mot de liberté. Il n'y a pas de mot qui soit entendu en des sens plus différents. Tantôt, comme paraît parfois le faire Spencer, on définit la liberté par l'absence de réglementation ; on la confond alors avec l'indépendance naturelle, antérieure à l'État, et de plus en plus restreinte par ses progrès. Tantôt on nomme libertés les droits garantis ; on considère alors la vraie

Célestin Bouglé

liberté comme postérieure à l'État, fille des lois qu'il promulgue et sanctionne. Les esprits oscillent perpétuellement entre ces deux sens, en apparence contraires. Ce qu'il y a du moins de commun à l'un et à l'autre, c'est ce principe que, quels que doivent être les meilleurs moyens de sauvegarder sa liberté, l'individu a sa valeur et ses droits propres, qu'il est respectable en soi, responsable de ses actes ; c'est en un mot l'individualisme, En ce sens, nous avons nous-même reconnu que l'idée de liberté est proche parente de l'idée d'égalité, puisque celle-ci nous a paru supposer le sentiment que les hommes, en tant qu'individus, ont une valeur ; nous avons fait entrer l'individualisme dans la définition de l'égalitarisme. – Force nous est donc de nous demander, non pas seulement si l'unification des sociétés est favorable à une politique de réglementation à outrance, mais si elle est essentiellement hostile à l'expansion du principe individualiste lui-même.

La question ne peut être résolue si l'on ne précise, outre ce qu'on entend par démocratie, ce qu'on entend par unification sociale. Il faut se garder de confondre les sociétés « uniques » avec les sociétés « unifiées », comme les sociétés simples avec les sociétés synthétiques. Nous admettons volontiers que Les sociétés « uniques » aient une tendance à absorber les individus qu'elles englobent, à faire d'eux leurs choses et à les empêcher de se poser comme des personnes ; en ce sens on a raison de dire que les groupements primitifs, simples et fermés, tendent non pas à détruire l'individualisme, mais à l'empêcher de naître. Un homme qui n'appartient qu'à une société s'appartient difficilement ; il manque des secours précieux qu'apporte aux individus, comme nous l'avons montré, la multiplicité des sociétés auxquelles ils participent. Si donc la constitution des États modernes devait y entraîner la suppression de toute espèce d'association partielle, il est vraisemblable qu'ils formeraient en effet des sociétés exclusives et oppressives. Ces groupements « uniques » risqueraient de perdre l'idée des droits, non seulement des hommes qui leur seraient étrangers, mais encore de leurs membres mêmes. Tous les droits personnels s'effaceraient devant le droit public. Un État qui, comme disait Bodeau [1] « fait des hommes tout ce qu'il veut », doit bientôt perdre la notion de la valeur des hommes. Si, comme nous

---

1 Cité par TOCQUEVILLE, *L'Ancien Régime*, p. 240.

Deuxième partie

avons nous-même essayé de le prouver, la complication croissante des groupements pousse les hommes associés vers l'égalitarisme, ils en doivent être écartés par l'unification excessive qui irait jusqu'à leur interdire toute différenciation de groupements. Forcez l'unité d'une nation, et vous risquez d'en chasser, en même temps que le souci de l'humanité, le respect des individualités.

Il reste donc à chercher, pour décider entre la thèse de Spencer et la nôtre, si l'unification des sociétés modernes s'oppose nécessairement à leur complication : il y aurait alors une sorte de contradiction entre deux des conditions favorables, suivant nous, à l'égalitarisme ?

Sur ce point, la pensée de Spencer parait flottante. Tantôt il nous affirme que la multiplication des associations – dont les temps modernes lui donnent le spectacle – tient à l'industrialisme [1] ; tantôt, – préoccupé sans doute par les caractères du monde féodal, – il remarque que le militarisme s'accorde avec le grand nombre des gouvernements supplémentaires, qui conspirent pour entraver la liberté individuelle [2]. Ainsi, la centralisation, conséquence du militarisme, ici admettrait et là exclurait la multiplicité des groupements.

La contradiction n'est qu'apparente, pourrait-on nous répondre. Il faut distinguer entre deux espèces de groupements : il peut se faire que la centralisation étouffe l'une dans le même temps qu'elle développe l'autre. Il y a des groupements dans lesquels l'individu entre avec sa liberté, auxquels il n'aliène, par un contrat déterminé, en vue d'une certaine fin par lui acceptée, qu'une portion de son activité personnelle : ce sont ceux-là qu'un État fortement unifié par le militarisme supprime ou entrave. Mais il en est d'autres qu'un État ainsi constitué adopte ou favorise, et ce sont ceux qui accaparent le tout de l'individu, dans lesquels il entre sans l'avoir voulu, et dont il ne peut sortir comme il veut. Suivant Spencer, un gouvernement centralisé interdirait les associations ouvertes, contractuelles, fondées sur les volontés, et non les corps fermés, naturels, fondés sur l'hérédité.

À quoi il nous faut répondre alors que c'est justement le contraire qui paraît vrai. La thèse est démentie et par le raisonnement et par

1 *Op. cit.*, III, p. 816.
2 *Ibid.*, p. 633.

Célestin Bouglé

l'expérience. Il est invraisemblable, pour toutes les raisons que nous avons rappelées, qu'un pouvoir central fort veuille tolérer ces États partiels qui, accaparant leurs sujets, divisent la totalité des siens en groupes hétérogènes aussi fermés que compacts, et s'opposent à leur égalisation. Il peut très bien au contraire s'accorder avec ces associations multiples et entrecroisées qui, mêlant ses sujets pour les fins les plus différents, les empêchent de se constituer en grands corps nettement tranchés, et, les prenant chacun par un seul côté de leur personne, les laissent aussi, par un certain côté, également soumis à son gouvernement. Si en un mot l'unification des sociétés s'oppose nécessairement à leur sectionnement, elle ne s'oppose pas nécessairement à leur complication.

En fait, ne savons-nous pas déjà que dans ces mêmes sociétés modernes où tant de fonctions sont centralisées, se multiplient aussi les associations volontaires ? Si nous avons prouvé dans ce chapitre que les nations s'unifient, en un sens, de plus en plus, nous avions prouvé dans le précédent, que de plus en plus, en un sens, elles se compliquent.

C'est donc qu'un de ces phénomènes n'exclut pas forcément l'autre. Que l'unification soit due au militarisme, et la complication à l'industrialisme, ce qu'il y a de sûr c'est que l'une et l'autre se développent parallèlement dans les sociétés occidentales, et c'est ce qui suffit à notre thèse.

Nous n'avons plus à craindre en effet que deux des conditions que nous disions favorables à l'égalitarisme se contredisent, de telle sorte qu'il leur serait impossible de se rencontrer dans les mêmes sociétés pour collaborer à la même œuvre.

La psychologie nous a montré qu'elles peuvent conspirer, et l'histoire qu'elles conspirent, en fait, pour le succès des idées égalitaires.

Deuxième partie

Conclusion

Pourquoi les idées égalitaires, telles que nous les avons définies, apparaissent-elles de préférence, à deux reprises, dans la civilisation occidentale, – se révélant une première fois, encore voilées et comme environnées de nuages, à la société gréco-romaine vieillissante, – une seconde fois, plus proches de la terre et plus prêtes à l'action, à nos jeunes sociétés modernes ? Telle était la question posée.

Consultée méthodiquement, tant par la déduction psychologique que par l'induction historique, la sociologie a livré sa réponse : c'est que les formes sociales, propres à la civilisation occidentale sont aussi les plus favorables au succès des idées égalitaires.

Psychologiquement, il nous a semblé que les sociétés qui s'unifient en même temps qu'elles se compliquent, dont les unités s'assimilent en même temps qu'elles se distinguent, et se concentrent en même temps qu'elles se multiplient devaient ouvrir les esprits à l'égalitarisme. Les spectacles quotidiens que ces sociétés leur offrent, les contacts et les frottements auxquels elles les exposent, les combinaisons diverses où elles les font entrer mettent incessamment en jeu ces mécanismes plus ou moins conscients grâce auxquels les idées sociales se modifient, se précisent, s'élargissent. Nous avons essayé, en découvrant les cent voies par où s'exerce cette action ininterrompue, de déterminer leur point de convergence : il nous a semblé que les progrès de la quantité sociale, de la mobilité et de la densité, de l'homogénéité et de l'hétérogénéité, de la complication et de l'unification conspiraient pour mettre en lumière sur les ruines des classes et des castes, à la fois le prix de l'humanité et celui de l'individu : ils devaient donc, suivant toutes les vraisemblances psychologiques, conduire les peuples à l'idée de l'égalité des hommes.

Historiquement, à quelles époques et dans quelles régions avons-nous pu constater ces mêmes progrès ? C'est d'abord dans l'univers romain, à la fin de l'Empire, c'est ensuite et surtout dans l'Europe et l'Amérique modernes. Les différentes formes sociales dont nous avons, tour à tour, mesuré les effets propres se trouvent justement réunies dans les temps et les lieux où l'égalitarisme apparaît. Les sociétés qu'il fait siennes nous présentent comme les synthèses concrètes des conditions que nous avons étudiées l'une après l'autre, par une abstraction analytique : pour définir sociologiquement et l'Empire et nos nations, il faut dire qu'il s'est rencontré, ici comme là, des populations à la fois très nombreuses, très denses et très mobiles, des individus à la fois très semblables et très originaux, et des groupements partiels très divers, entrecroisés sous des pouvoirs centraux très forts. Et sans doute, dans la civilisation gréco-romaine, tous ces caractères sont singulièrement moins marqués qu'ils ne le seront dans la civilisation contemporaine : quand ils reparaissent après le moyen âge, ils sont portés à de bien plus hautes puissances. Mais ces différences de degré elles-mêmes correspondent à celles qui nous ont semblé séparer les deux manifestations de l'égalitarisme ; elles confirment donc, bien loin qu'elles le bouleversent, le parallélisme découvert.

Ainsi l'induction et la déduction, l'histoire et la psychologie s'appuient l'une à l'autre pour étayer notre conclusion. Nous avons désormais le droit d'affirmer l'efficacité des formes sociales. Des conditions proprement sociologiques nous ont fourni une explication, au moins partielle, du phénomène qui, après les essais d'explications anthropologiques ou idéologiques, demeurait mystérieux : l'expansion de l'idée de l'égalité des hommes dans certaines sociétés déterminées n'est plus pour nous une sorte de miracle incompréhensible, s'il est vrai qu'entre les formes de ces sociétés et le succès de cette idée il y a un rapport de condition à conséquence.

*

* *

Toutefois, sur la nature et le vrai sens de ce rapport, ne peut-il subsister une dernière équivoque ?

L'idée de l'égalité des hommes est active et puissante. Nous l'avons accordé dès l'abord ; c'est à ses œuvres que nous prétendions reconnaître sa présence. C'est au mouvement général, non pas seulement des doctrines, mais encore et surtout des institutions, que nous avons demandé les preuves quasi matérielles de sa vitalité. Pour mesurer sa force et définir ses exigences, nous avons analysé les réformes civiles et juridiques, politiques et économiques qu'elle

Conclusion

nous semblait, principe directeur et explicatif, imposer à nos États. En la représentant comme l'âme des plus grandes révolutions modernes, ne lui avons-nous pas reconnu la capacité de modifier à son gré les formes sociales ?

Quoi de plus naturel, dès lors, que de conclure du présent au passé, et d'attribuer à la puissance des idées égalitaires toutes les transformations importantes que nos sociétés ont pu subir au cours des siècles ? Une philosophie de l'histoire se construirait ainsi, qui présenterait l'idée dé l'égalité comme la clef unique, comme la cause à la fois finale et efficiente de toute la civilisation occidentale. C'est pour se réaliser, nous dirait-on, que les idées égalitaires ont fait naître telles ou telles formes sociales ; c'est parce qu'ils voulaient vivre en égaux que les hommes se sont groupés suivant les modes que vous avez discernés. Entre ces modes de groupement et l'idée de l'égalité vous avez justement aperçu un rapport, mais vous en avez faussement déterminé le sens : ils sont l'effet, elle est la cause.

Il faut avoir avoué que, dans la mesure où l'histoire permet de l'appliquer, la méthode inductive ne promet guère de réponses « cruciales » à de pareilles objections. Il semble qu'elle laisse fatalement les deux thèses en balance. Pour décider inductivement, de deux phénomènes, lequel est condition et lequel conséquence, il faut désigner celui qui précède invariablement l'autre. Or, en matière historique – sans parler de la rareté avec laquelle se montrent des rapports constants entre deux phénomènes – qui ne sait combien il est difficile de dire avec précision quand commence ou, quand finit chacun d'eux, et d'établir, par suite, celui qui est apparu le premier ? Entre telle transformation sociale et tel mouvement d'idées on peut assez aisément prouver la concomitance, mais rarement décider de l'antériorité. De ce point de vue, les rapports que nous avons établis inductivement paraîtront susceptibles d'être retournés, et l'on se croira autorisé à poser l'égalitarisme comme l'antécédent, non comme la conséquence de nos formes sociales.

Il est vrai que même alors nos déductions, se prêtant moins facilement à cette inversion, subsisteraient. C'est en partant de la notion de la densité, ou de l'homogénéité, ou de l'unification sociales que nous avons abouti à celle de l'égalité, et non réciproquement : à défaut de l'antériorité historique, nous avons fixé une antériorité psychologique. – Mais qui sait, après tout, si

Célestin Bouglé

ces déductions psychologiques elles-mêmes ne se laisseraient pas convertir ? N'est-il pas vraisemblable, par exemple, que, là où les hommes se jugent égaux, ils s'assimileront naturellement les uns aux autres, et tendront à unifier leurs groupes ? Étendez à tous nos raisonnements de pareils renversements d'idées, et notre édifice entier est bouleversé : voici la base au sommet, et le sommet à la base.

Admettons un instant que les relations que nous avons établies puissent être ainsi retournées et comme lues à l'envers. Notre thèse en serait-elle nécessairement ruinée ?

Nullement, s'il est vrai que les rapports « réversibles » sont presque de règle en matière historique. Des tendances que l'histoire met en présence, il est rare que l'une soit tout active, et l'autre toute passive, que l'une ne fasse que donner, et l'autre recevoir. Le plus souvent elles réagissent incessamment l'une sur l'autre, et deviennent tout à tour, par une sorte d'échange perpétuel des rôles, cause et effet l'une de l'autre. En ce sens, n'est-il pas également vrai par exemple, que les religions modèlent les États, et les États les religions ? L'oracle de Delphes, nous dit-on, constituait l'unité nationale des Grecs et reposait sur elle [1]. L'esprit de tribu fut tour à tour cause et effet de la séquestration à la fois volontaire et imposée d'Israël chez les nations [2]. La dissolution de l'ancienne famille germaine fut une des raisons de l'invasion de l'Empire par les Germains et réciproquement cette invasion fut une des raisons de cette dissolution [3]. Ainsi, quand bien même on nous aurait prouvé que l'égalitarisme a la puissance de développer la densité sociale, ou l'homogénéité, ou la centralisation, cela ne nous empêcherait pas de conclure encore que la centralisation et l'homogénéité et la densité sociales ont dû, par leur réaction propre, développer l'égalitarisme.

Mais d'ailleurs, lorsque nous concédions à l'égalitarisme la capacité d'appeler à la vie les différentes formes sociales que nous avons énumérées, nous faisions la partie trop belle à nos adversaires. En réalité, si son influence sur une ou deux d'entre elles est plausible,

---

1 CURTIUS, *Histoire grecque*, trad. fr. II, p. 25.
2 A. LEROY-BEAULIEU, *Israël chez les nations*, p. 152.
3 C'est ce qui ressort des études de FUSTEL DE COULANGES, sur la nature de l'invasion germaine.

Conclusion

elle est, en ce qui concerne les autres, très difficiles à concevoir.

On a bien pu remarquer, par exemple, que le progrès de la France vers l'unité a été en partie voulu par les masses et qu'elles y aidaient pour la satisfaction de leurs aspirations égalitaires : ou encore on a pu trouver dans les réclamations démocratiques une des causes du développement de la centralisation dans l'Angleterre ou l'Amérique de nos jours [1] : et en ce sens l'unité serait fille de l'égalité. De même, l'homogénéité sociale est sans doute favorisée par l'égalitarisme : des gens qui, se croient égaux puisent dans cette croyance de nouvelles raisons de s'imiter de plus en plus ; et en ce sens, l'uniformité peut naître de l'égalité même. Mais s'il s'agit de la différenciation ou de la densité, ou de la complication sociales, comment concevra-t-on que l'idée de l'égalité les engendre ? Dira-t-on que c'est elle qui, dès l'origine, a commandé aux hommes la division du travail, – qui, faisant surgir ici les collèges et les sodalités, là les associations scientifiques, mondaines, religieuses, industrielles, a multiplié les cercles dans lesquels chacun d'eux devait entrer – qui a poussé leurs États à élargir leurs frontières, leurs masses à s'agglomérer entre les murs des villes – qui les a incités, enfin, à croître et à multiplier ! C'est faire alors de l'idée de l'égalité une sorte de Providence énigmatique : ses voies restent inconnues, il faut renoncer à analyser son action. Entre le mouvement de ces formes sociales et l'influence qui lui revient, il reste un abîme qu'aucune déduction psychologique ne peut combler.

Nous avons donc le droit de conclure que si l'égalitarisme, une fois accepté, est capable d'agir ou de réagir sur certaines de nos formes sociales, il n'a nullement la puissance de les susciter toutes, et que par suite, là où l'histoire nous montre entre elles et lui des rapports constants, il est, bien plutôt que leur cause unique, une de leurs conséquences.

*

* *

On comprendra mieux, d'ailleurs, l'étroitesse d'une conception qui attribuerait, à la seule force de l'idée de l'égalité, le développement des formes sociales que nous avons énumérées, si l'on embrasse,

---

1 Cf. BOUTMY et JANNET, op. cit.

Célestin Bouglé

d'un rapide coup d'œil, la multiplicité des conditions que suppose l'existence de chacune d'elles.

Jusqu'à ce jour, lorsqu'il s'est agi d'expliquer l'apparition de quelqu'une de ces formes, c'est par défaut que les sociologues ont péché : ils ont présenté comme leur cause suffisante une de leurs nombreuses conditions. À en croire Spencer, la centralisation de nos sociétés s'expliquerait par le seul développement du militarisme ; leur homogénéité, suivant M. Tarde, par l'extension de l'imitation ; leur différenciation, d'après M. Durkheim, par l'accroissement de leur densité. En réalité, chacun ces phénomènes est la résultante d'un concours de forces nombreuses et complexes : et ce serait sans doute une tâche immense que de les déterminer toutes, en mesurant l'apport de chacune.

Par exemple, si l'on voulait expliquer pourquoi la différenciation a crû dans les sociétés modernes, pourquoi les groupements partiels s'y sont multipliés et entrecroisés, il faudrait tenir compte non pas seulement de l'augmentation du nombre des hommes agglomérés, mais des fins diverses qu'ils se sont fixées, et des moyens que la nature ou l'industrie a mis à leur disposition pour réaliser ces fins. D'ailleurs, le nombre des hommes agglomérés ne s'augmente pas de lui-même et mécaniquement : en même temps que de conditions physiologiques, on sait qu'il dépend de conditions psychologiques qu'il s'agirait d'analyser et de classer. – Inversement l'homogénéité d'une société dépend de conditions physiologiques en même temps que de conditions psychologiques. Le mélange des races contribue à l'effacement des types collectifs aussi bien que la transmission des mœurs, des désirs et des croyances et cette transmission est à son tour provoquée ou interdite, hâtée ou retardée par des causes nombreuses et diverses. – De même, si les sociétés s'unifient, ce n'est pas seulement à la guerre qu'il conviendrait d'en rapporter l'honneur, mais ici à la religion, et là à l'industrie.

Ces brèves indications suffisent à notre but : dans leur pauvreté même, elles révèlent la multiplicité des recherches qu'il faudrait entreprendre pour rassembler, des quatre coins de l'horion historique, toutes les conditions des transformations sociales que nous avons classées.

En un mot, si l'on voulait expliquer pourquoi nos sociétés

Conclusion

occidentales sont devenues à la fois très unifiées et très compliquées, très hétérogènes et très homogènes, très denses et très étendues, c'est toutes les espèces de transformations qu'y ont subies les âmes et les corps, les choses et les personnes, la nature et l'humanité qu'il faudrait énumérer ; et il ne suffirait nullement de dire que les hommes y ont voulu vivre en égaux. L'idée de l'égalité ne saurait être la source des multiples courants qui ont entraîné nos sociétés ; elle en est plutôt le confluent. On ne comprendrait guère que, parce qu'ils se jugeaient égaux, les hommes eussent choisi de se soumettre à un pouvoir central, de se grouper en associations entrecroisées, de s'assimiler et de se différencier, de s'agglomérer et de se multiplier ; mais parce qu'ils s'aggloméraient et se multipliaient, se différenciaient et s'assimilaient, se groupaient en associations entrecroisées et se soumettaient à un pouvoir central, on comprend qu'ils en soient insensiblement arrivés à se juger égaux.

En ce sens, les idées directrices de nos sociétés sont sorties de leurs entrailles mêmes. Elles n'ont pris possession de l'esprit public que parce que l'esprit public était modelé déjà et comme pétri pour elles par l'action incessante des formes sociales. Si l'égalitarisme semble bien être aujourd'hui le moteur principal de notre civilisation, c'est qu'il en est, d'abord, le produit naturel.

*

* *

Est-ce à dire qu'il soit juste, ou réalisable ? Ce sont là des questions qui restent entières ; notre conclusion n'outrepasse pas les limites posées par notre introduction.

Nous avons prouvé que l'idée de l'égalité résulte logiquement des transformations réelles de nos sociétés ; ce n'est pas prouver du même coup qu'elle doit moralement les commander. Après tout, il se peut que toute une civilisation erre et fasse fausse route. La conscience garde la faculté de mépriser ce que la science explique. Si la force ne prime pas le droit, les raisons de la valeur d'une tendance demeurent distinctes des conditions de son succès. Et c'est pourquoi la connaissance des formes sociales qui concourent au progrès de l'égalitarisme n'interdit à personne de faire effort pour l'enrayer.

Célestin Bouglé

Toutefois, il est au moins une chose dont cette connaissance rend compte : elle montre quelles conditions seraient nécessaires pour qu'une réaction pareille eût quelque chance de succès.

Tant qu'on n'a regardé la conquête du monde occidental par les idées égalitaires que comme la fortune surprenante d'une théorie de philosophes qui, tombée du ciel dans le cerveau de quelques penseurs, en serait descendue de proche en proche jusqu'à l'âme des foules, on a pu croire qu'il suffisait pour l'arrêter, d'une discussion philosophique : réfutons Rousseau et l'égalitarisme est vaincu. Si au contraire le triomphe de l'égalitarisme s'explique, non plus seulement par l'invention d'une théorie, mais par la constitution même des sociétés qu'il soumet, alors les conditions du combat sont changées : morceler les États, raser les villes, barrer les routes, parquer les hommes en groupes fermés entre lesquels on empêcherait les imitations et à l'intérieur desquels on empêcherait les distinctions individuelles, voilà toutes les révolutions sociales qu'il vous faudrait préalablement achever pour arrêter l'élan démocratique de notre civilisation.

En découvrant les conditions sociologiques du succès des idées égalitaires, nous n'avons pas encore prouvé que ces idées sont justes ; mais nous avons donné, du moins, la mesure de leur puissance.

FIN

Conclusion

ISBN : 978-1514235942

www.ingramcontent.com/pod-product-compliance
Lightning Source LLC
Chambersburg PA
CBHW071045290526
45795CB00004B/1336

* 9 7 8 1 5 1 4 2 3 5 9 4 2 *